U0143278

启 笛

捆侃 张忞煜 曹寅 编

全球视野下的
南亚东南亚
文化网络

季风
亚洲

北京大学出版社
PEKING UNIVERSITY PRESS

目录

序言

文 / 谢侃侃

季风是一种大气和海洋的耦合环流系统，亦是一种极为常见的自然现象。季风随着季节交替，盛行风向也随之改变。春夏时节，来自印度洋的暖湿气流由西南向东北运动，先后抵达南亚次大陆和东南亚地区，在途经之处造成大面积降雨，雨季随之拉开帷幕；半年后，来自喜马拉雅山脉寒冷而干燥的空气从相反方向吹向印度洋沿岸，南亚和东南亚大部分地区进入少雨的旱季。千百年来，季风气候深刻地影响着南亚和东南亚人民的生产生活，在当地哺育出灿烂的农业文明。与此同时，沿海而居的人们积极地总结季风规律，积累了跨海远航的丰富经验，进而建立起一张张连接甚至超越不同地理空间的巨大网络。

季风到达南亚和东南亚的时间先后有别，居住在马六甲海峡附近的马来人将其生活的海岛东南亚地区称作"风下之地"（negeri di bawah angin）；与之相对，来自世界各地的僧侣、商贩、水手们借着规律的季风源源不断地航行到马六甲，而其中的南亚和中东人最多。久而久之，马来人习惯地把马六甲海峡以西的广阔区域统称为"风上之地"（negeri di atas angin）。[1] 季风上下，见证了人类数百年来航海的发展、商贸的繁盛、思想的碰撞、文化的交融……

值得一提的是，季风在我国同样是极为普遍的自然现象，它与生态环境、四季更迭、农业生产有着密不可分的关系，在我国对外交往的历史中更是发挥了极其重要的作用。唐代义净法师取海路经室利佛逝（今印尼苏门答腊）赴天竺（今印度）取经求法，对中国佛学的发展产生重大影响；明代郑和率宝船七下西洋，最远曾航行至非洲东海岸，完成了世界航海史上的空前壮举；通事（翻译官）马欢随郑和船队周游列国，详细

---

[1] 关于"风上"和"风下"词源的考证，可参考 P. J. Rivers, "Negeri below and above the Wind: Malacca and Cathay", *Journal of the Malaysian Branch of the Royal Asiatic Society* 78, no. 2 (289) (2005): 1–32。

考察并记录沿途风物，写下了《瀛涯胜览》这部旷世经典……以上均是中国读者们耳熟能详的故事，类似"下西洋""下南洋"的例子可谓不胜枚举。季风不过是这些故事中的注脚，但正是它规律的存在才成就了这些跨洋航行的壮举，也为"壮举"在后世成为"日常"奠定了基础。

季风下的日常是怎样的呢？这本小书试图跳出以中国或西方为中心的观察视角和叙事方式，借用"季风亚洲"（Monsoon Asia）这一概念对南亚和东南亚地区的文化和思想流动展开一些讨论。"季风亚洲"最初是自然科学家们用来描述亚洲受季风气候系统影响地区的术语，涵盖东亚、南亚、东南亚的绝大部分地区，涉及当今世界超过一半的人口。近年来，人文社科学者们也开始越来越频繁地使用"季风亚洲"的概念来探讨这一广大区域内的环境适应、人员流动、文化融合、商贸往来等议题。"季风亚洲"是一个无比宏大的概念，要在这一框架下全方位展示上述"流动的日常"更是不可能完成的任务。因此，本书并不寻求大而全地展示人与思想在季风亚洲内部来来往往的壮阔图景，而是希望生动地呈现若干个耐人寻味的切面，帮助读者构筑一套对南亚和东南亚地区相对新颖而立体的认知。

区域国别研究和南亚东南亚研究

近年来，随着我国对外交流的扩大与深化，国人对认识了解外部世界的需求也不断增长。"区域国别研究"在此背景下应运而生，在国内学界掀起了一股热潮，各种类型的区域国别研究中心及项目如雨后春笋般出现在中国各地的高校校园，迅速发展壮大。南亚和东南亚地区是我国的近邻，各方面的交往与互动古来有之，我国学者对这两个地区的系统性关注可以追溯到20世纪上半叶甚至更早的时间。而随着近年来"区域国别研究"的崛起，南亚和东南亚研究也发生了翻天覆地的变化。一方面，专业从事这两个地区研究的学者和论文数量呈井喷式增长，大众对这两地的兴趣也显著提升；而另一方面，"区域国别研究"的出现与发展也深刻形塑了我国学者在相关领域进行知识生产的方式，进而影响到人们对南亚与东南亚的基本认知。其中，最为明显的影响来自"区域国别研究"根据现代区域及民族国家边界对研究对象的地域划分，研究者们坚守着自己"区域""国别"或"学科"的一亩三分地进行深耕，力图突出特定国家、社会、文化及地理空间的特殊性。这种研究范式顺理成章地将具体的研究问题与地理空间进行深度绑定，如"印度的种姓制度""马来西亚的族群政治""东南亚的上座部佛教"等，却忽略了超越地域边界的思想传播、人口流动、宗教及贸易网络。

不可否认，目前我国的"区域国别研究"尚处在起步阶段，植根于具体地理空间的区域国别研究范式对我们加深对特定区域特定问题的认知固然是有益的。但是，如果在所有研究中都一味强调某某现象在某某地点的特殊性，那么学者们将很容易陷入一种"本质主义"（essentialism）的思维定式中——认为自己所研究的对象不可比拟，而事件的发生基于特定的内外部条件，由于这些条件不可能完全复制，因此历史经验不具备普遍的参考价值。"本质主义"的危险在于，学者们花费了大量精力去描述现象"是什么"（what），却鲜少关心现象背后的"怎么样"（so what），对事物的形成机理和发展规律不闻不问，最终导致研究"只见树木，不见森林"。

很多学者意识到了"本质主义"的局限性，却走向了另一个极端，即理论的机械套用，甚至是对西方一般化理论的盲目崇拜。新世纪以来，我国高等教育的"国际化"步伐进一步加快。在人文社科领域，海量的西方学术经典被译介到国内，熟谙西方学术话语的中国学人越来越多；与此同时，一大批青年学人负笈海外，成了东西方文化交流的重要纽带。渐渐地，越来越多的中国学者开始透过西方视角去观察世界，借助西方理论工具去分析问题，使用西方学术语言发表自己的观点，并自觉不自觉地接受了西方的学术规范和评价体系。

诚然，中西学术体系的接轨产生了许多积极的影响，极大推动了中国人文社科领域的快速发展。但需要注意的是，中国高等教育在过去几十年所推行的"国际化"是局限且不平衡的。虽然这种以欧美为中心的"国际化"从整体上提高了我国人文社科领域的研究水平，却也使得带有"西方中心主义"的学术话语进一步巩固了其霸权地位。欧美学术经典对接受过系统学术训练的中国学者而言已不再陌生，言必称韦伯、福柯也早已成为中文学术圈屡见不鲜的现象。在此基础上，互联网的普及让许多中国学者足不出户就能够紧跟国际学术热点与潮流；海量且颇具时效性的中英文资讯不仅是专家学者们指点江山的基础，更成了普罗大众茶余饭后的谈资。

相比之下，国人对第三世界的关注则相形见绌。冷战时期，"亚非拉"曾广泛地存在于具有革命浪漫主义的政治及文化叙事中，是反帝反殖语境中熟悉的"同志""兄弟""伙伴"。虽然受彼时各方面条件制约，真正有机会踏出国门看世界的国人十分有限，但新兴民族国家相似的历史遭遇使得第三世界内部能够迅速达成共识，进而在国际事务中相互认可，相互支持。在此背景下，中国人对亚非拉人民挣脱殖民主义枷锁，推进民族解放事业的共情是真实存在的，这些地区的文化对鲜少接触世界的国人来说也确实具有一种特殊的吸引力。

冷战结束后，国内外形势发生了翻天覆地的变化，由欧美主导的新自由主义形塑了全球化进程，而中国也不断调整，尝试与这套世界秩序接轨，力求探索出一条符合自身情况的发展道路。在积极融入全球经济体系的过程中，中国积极引进西方资本，学习西方先进技术，借鉴西方管理经验与制度，逐渐建立起一套以市场经济为基础、以出口为导向的经济发展模式。几十年来，"现代化"与"全球化"的口号不绝于耳，却似乎总是以学习发达国家"先进模式"作为潜台词的。与之相对，"亚非拉"渐渐淡出了以"经济发展""产业振兴""科技进步"为核心的主流叙事，成了贴满"贫穷""落后""冲突"等负面标签的"他者"。

这一趋势不仅体现于社会对西方科技和发展模式的推崇，也反映了国人对不同地区异域文化的参差兴趣。关于欧美、日韩文化的书报和影音资料琳琅满目，充斥在各类实体场景和网络空间。民众对发达国家文化的热衷，特别是对其流行文化的热情催生出了规模庞大的文化消费市场；而这一消费市场的活跃与文化产品的相对丰裕则促使更多人对此类文化产生兴趣。相比之下，国人似乎并不热衷于了解广袤的亚非拉地区。第三世界丰富的多元文化资源本应产出无穷无尽的文本和视听材料，但市场上可供消费的相关文化产品十分有限，与欧美、日韩相比更是相形见绌。

即使是在象牙塔中，学者们对第三世界的关注也是相对欠缺的。亚非拉在当今世界人口中的占比超过80%，但国内从事相关地区科研及教学工作的学者却始终处于相对边缘的地位。这一情况从高校内部教研机构的设置便可窥见一斑：大部分综合性院校的外国语学院并不开设英法德日以外的专业，在少数开设第三世界语种的院校中，相关专业也大多泛泛地归类为"非通用语"或"小语种"。类似地，"亚非拉历史"似乎是"世界历史"中可有可无的方向，但与此同时，寥寥数人的"亚非拉教研室"却担负着补足并串联起欧美及东亚地区以外所有地区历史的教学及科研任务；在政治学领域，"亚非拉政治"理应是国际关系和比较政治领域不可或缺的组成部分，在绝大多数的情境中却仅仅作为"大国博弈"的注脚出现——将第三世界的重要性简化为它们如何应对发达国家的种种"战略""政策"——其主体性和能动性在这一预设的叙事框架下被轻描淡写甚至是完全忽略。

当然，以上批判并不是国内的全部，因为近年来国内已经慢慢出现了许多积极的变化。在高教界，越来越多的学者开始呼吁加强对第三世界国家和地区的研究与教学工作。一大批青年学子也向前迈出了自己的脚步，积极投身发展中国家研究，一方面使用前沿学科理论武装自己，一方面勇敢地奔赴海外，浸润于深度的田野工作中。即使在疫情笼罩下，接连不断的线上讲座和学术工作坊暂时弥补了无法前往海外调研的缺憾，在一定程度上让学术交流的形式变得更为多样，其内容也更为丰富了。

近年来，新媒体技术的快速发展颠覆了象牙塔与社会大众之间传统的物理及智识区隔。我们惊喜地发现，在自己相对狭小的专业领域之外，竟然有那么多人对广袤的第三世界充满好奇，被各地纷繁而多元的社会文化以及微妙且相互纠缠的历史变迁深深吸引。微信、微博、抖音、哔哩哔哩等网络平台上出现了一大批风格各异的内容制造者，有的旁征博引、认真考据，为知识普及起到了积极的推动作用；有的则用惊世骇俗的标题和内容吸引眼球，骗取点击量，极大误导了大众对相关问题的认知。网络媒体极大地激发了大众对第三世界的兴趣，但与此同时，其内容也无可避免地塑造并不断强化了一些与事实相去甚远的刻板印象。许多内容制造者将学界已有的"本质主义"研究通俗化，扭曲为对第三世界带有歧视意味的陈词滥调。这些现象令人担忧，因为它极有可能让中国的第三世界观一步步背离曾经的国际主义理想，甚至演变成与之相悖的种族主义和沙文主义的温床。

　　但无论如何，这些变化共同指向了一个事实，那就是中国区域国别研究的兴起正发生在一个前所未有的社会、经济、政治、文化环境中。西方国家发展区域研究的经验固然具有很高参考、借鉴的价值，但在当代中国的语境下是不可能被复制、照搬的。

一场实验

那么，中国到底需要怎样的国别区域研究？过去几年，中国各地的资深学者们在各类刊物上已经就此问题发表了丰富而系统的论述，在学科史、制度设计、学科建设等层面进行了诸多有益的探讨，呼吁各地高校充分考虑国内外形势变化和自身机构的实际情况，建设"具有中国特色的国别区域研究"。作为高校的青年教师，我们也开始在此背景下仔细思考国别区域研究的意涵，以及如何在具体的操作层面推动科学研究、课程建设、学生培养。

2020年夏，我和北大外院张忞煜、清华历史系曹寅两位同事组织了一场线上对谈，题为"从东印度到印度：殖民主义、民族主义与关于亚洲的另一种想象"。这次对谈旨在打破固有的现代民族国家界限，把英属印度和荷属东印度（今印度尼西亚）置于共同的概念框架之下，比较两者近现代史的异同并探讨存在于两地之间千丝万缕的联系。两位同事均是从事南亚研究的专家，而我本人的研究则长期聚焦海岛东南亚地区。无论是按照各自院系的学科设置，还是区域研究内部的地理划分，我们三人的"背景"都是非常不同的。然而，这场仓促准备的对谈却让我们意犹未尽——不仅发现了许多印度与印尼之间惊人的相似之处，更意识到加强跨学科、跨区域、跨机构对话的必要性。这次短短的对谈之后，我与两位同事开始酝酿如何将这样的对话常态化。终于，在 2020 年底，"季风实验室"应运而生。

"季风实验室"是一个高度开放、包容的虚拟学术平台，旨在组织、策划、推广一系列与南亚东南亚研究相关的学术活动，包括课程、讲座、读书会、工作坊等。名称中的"季风"是环印度洋地区常见的自然现象，象征古往今来东亚、南亚、东南亚之间持续不断的人员往来、商业贸易和文化交往。我们在命名时还意识到，"季风"比具体地理空间概念更具开放性，因为这一意向不仅贴切地反映了我们当下的学术关注，还为该平台在未来进一步西延东扩，突破南亚、东南亚保留了无限的可能性。

"季风实验室"算不得正儿八经的"学术机构"，却是一个真真正正具有实验和探索性质的学术共同体。2021 年春，张忞煜、曹寅和我在北大人文社会科学研究院（文研院）的支持下开设了一门名为"南亚与东南亚研究"的研究生课程。该课程旨在打破南亚和东南亚之间的地理区隔，向研究生们介绍全球范围内关于两个区域的学术经典和前沿成果。课程由三个模块组成，分别以三个首字母为"C"的英文单词命名，即"概念"（Concept）、"比较"（Comparison）、"联系"（Connectivity）。就具体的内容而言，我们不仅要求所选取的阅读材料在南亚或东南亚研究领域内具有足够的代表性，更希望它们有助于搭建起两个领域之间对话的桥梁。比如，我们让学生对比斯里尼瓦斯（M. N. Srinivas）对印度种姓制度的论述与格尔茨（Clifford Geertz）对印尼爪哇社会分层的研究；[1] 类似地，我们也尝试在南亚庶民研究（Subaltern Studies）和东南亚"自主历史"（autonomous history）之间进行对话。[2]

我们把"南亚与东南亚研究"课程的前半学期安

[1] M.N. Srinivas, "Varna and Caste", "The Dominant Caste in Rampura", "Mobility in Caste System", in Dipankar Gupta (eds.), *Social Stratification* (New Delhi: Oxford University Press, 2007), pp. 28-34, 307-311, 312-325. Clifford Geertz, *The Religion of Java* (Chicago: The University of Chicago Press, 1976), pp. 1-7, 355-381.

[2] Ranajit Guha, *Elementary Aspects of Peasant Insurgency in Colonial India* (Durham: Duke University Press, 1999); John Smail, "On the Possibility of an Autonomous History of Modern Southeast Asia", *Journal of Southeast Asian History*, Vol. 2, No. 2 (1961): 72-102.

排为研读经典的讨论课。但与传统研究生拼盘课不同的是，每次上课都有三位教师共同出席，参与学生讨论，就特定主题提出尽可能多样的解读视角。在此基础上，我们在后半学期有针对性地加入了中外学者的学术讲座，涵盖文学、法学、社会学、历史学、宗教学、语言学等不同学科，让学生们有机会接触到相关领域的学术前沿。在演讲嘉宾的构成方面，我们非常注重学者们在话题、区域、性别、工作机构、研究范式、学术传统等方面的多样性，希望他们通过讲座呈现出南亚和东南亚研究存在的丰富内涵和巨大潜能。这本小书便脱胎于"南亚与东南亚研究"这门课程及通过它所举办的系列讲座。

章节安排

编者们并不希望把这本书变成一锅讲座纪要的大杂烩，而是希望借此打开一扇特别的窗口，让读者们能够透过它眺望绮丽的季风亚洲。南亚东南亚之大，其社会之复杂，其历史之悠久，绝非一两本专著就能够谈论清楚的。我们当然也不指望把这本小书做得面面俱到，用区区几万字就把两个纷繁复杂的区域说得透透彻彻、明明白白。我们致力于用特定的主题或概念把涉及面极广的讲座串联起来，一方面通过丰富的话题生动地反映南亚和东南亚的多元文化，另一方面则是化繁为简，在清晰的概念框架内呈现两个区域间的人员往来、思想交流、文化互动，以及长时段历史的相似性。鉴于此，我们在"南亚与东南亚研究"研究生课程"3C"（概念、比较、联系）的基础上又找到了另外 3 个首字母为"C"的概念，作为串联起本书 11 个章节的基本线索，它们分别是：互联（Connection）、中心—边缘（Center-Periphery）、世界主义（Cosmopolitanism）。

　　本书的头三章以"互联"为主题，讨论对南亚和东南亚产生深远影响却常常被世人忽略的文化思想网络。千百年来，人们跨越孟加拉湾，在南亚与东南亚之间自由流动。对许多人来说，"跨界流动"是他们最习以为常的生活方式，因为"界"本身是不存在的。与之相对，20 世纪中叶以来，南亚东南亚的前殖民地纷纷独立成为民族国家，国家间的边界变得越来越清晰，而以民族国家为基本分析框架的区域知识生产则进一步强化了"界"的概念，本书首章便是对上述矛盾进行的反思。紧接着，第二章以连接中东、南亚、东南亚的伊斯兰文学网络为例，在跨越千年的长时段历史中对这几个区域间的文化及思想互动进行了讨论。第三章则挑战了以西方为中心的世界近现代史叙事模式，指出20世纪上半叶在印度尼西亚盛行一时的伊斯兰社会主义思潮深受南亚的影响，其根源是印度穆斯林思想家而非同时期的欧洲宗主国。

第二部分的主题是"中心—边缘"。我们试图通过几个典型的个案来反映边缘与中心之间的矛盾与互动，进而呈现广泛存在于南亚东南亚的种种社会问题。"边缘"在这一部分中有着较为丰富的内涵，表现在地理空间、宗教信仰、族群关系、意识形态等多个方面。相较"中心"，身处"边缘"的他们往往是统计学意义上的"少数"，不占有中心的优势资源，生存空间不断受到挤压，或因为长期的历史或政治原因受到歧视或压迫：他们是居住在印度东北部山区、远离德里政治中心的少数族裔；是生活在印度教主流社会边缘、饱受偏见和贫困之苦的穆斯林群体；是受到殖民政府怀疑和本地人排挤，却具有非凡商业嗅觉、灵活变通、勇于挑战权威的印尼华裔出版商；是具有坚定政治信仰、不畏牺牲、坚持与政府军斗争到底的纳萨尔派游击队员。在不同的语境中，"中心"往往在各方面占尽优势，却很难拿出一劳永逸的办法来化解来自"边缘"的挑战。从某种程度上说，"边缘"及其抗争的长期存在本身就十分生动地反映了南亚、东南亚社会的复杂性。

我们将本书的最后一个部分命名为"世界主义"，旨在将南亚和东南亚地区放在更为宽广的全球视野之中进行审视。南亚和东南亚从来就不是与世隔绝的偏远之地，其发展变迁向来是紧跟全球历史演进之脉动的。千百年来，位于印度洋沿岸的南亚和东南亚地区交通便捷，是东西方交流的必经之地，自然也受到了外来文化的深远影响。需要注意的是，南亚和东南亚绝不仅仅是外来文化的被动接受者，它们在世界历史进程中发挥的能动作用也是不容忽视的。在漫漫的历史长河中，来自这两个区域的民众不仅主动参与并融入了一波又一波改变世界的浪潮，更深刻影响甚至是直接形塑了现代世界的形成。通过四个相对简短却内涵丰富的案例，这一部分试图以小见大，展现南亚和东南亚如何借助个人和群体的力量，有机地与全球历史的发展变迁融为一体。四个案例聚焦移民、宗教、身份政治、知识生产等方面，彼此独立却有诸多共通之处。华人基督宣道者宋尚节、印度修士孙大信（Sundar Singh）、印尼混血作家查理·罗宾逊，以及波兰的现代印度学创始人均活跃于20世纪上半叶。从他们身上，我们可以看到个体的多重身份与剧烈变动中的社会大环境相互交织、碰撞，进而呈现出丰富、矛盾甚至戏剧化的多彩人生。也正是透过这一个个鲜活的个体，我们得以一窥世界在所谓"短20世纪"经历的翻天覆地之变化。[1]

　　本书是国家社科基金重大招标项目"世界诸文明在印度洋地区的交流交汇研究"（23&ZD324）的阶段性成果，其问世也得益于北京大学外国语学院多位同学的辛勤付出。詹丹妮、何俊德、温华翼、姜应雄全程参与了"季风实验室"的研究生课程并取得了优异的成绩。随后，他们在纪要整理、稿件写作、修改校对等方面付出了大量心血。熊艺、陈钰兵、吴勉琪、谭博特在写作相关章节时还是高年级本科生，随着这本书一步步完善成型，他们也各自开启了精彩的人生新征程。对于他们和更为广大的读者群体来说，我们希望"季风"不仅仅是一种停留于书本的自然现象或跨越地理空间的知识符号，更是一缕能够激发青年学子探索世界之志趣、真正推动他们扬帆远航的清新气流。

---

[1] 英国历史学家霍布斯鲍姆在前人基础上提出了"短20世纪"的说法，认为20世纪最重要的世界历史事件发生于1914年第一次世界大战爆发和1991年苏联解体之间的78年，参见 Eric Hobsbawm, *The Age of Extremes: The Short Twentieth Century, 1914–1991* (London: Abacus, 1995), p.3。

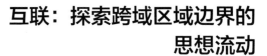

互联：探索跨域区域边界的思想流动

1
在孟加拉湾埋葬区域研究 [1]

文 / 曹寅

2019 年 11 月，我请苏尼尔·阿姆瑞斯（Sunil Amrith）来清华大学做了一场有关南亚环境史的讲座。在之后的晚宴上，我对他开玩笑说："你的那本《横渡孟加拉湾》在欧美和中国一定会卖得很好，因为书中的内容对于上述地区的读者来说会非常新奇。但是该书的销量在孟加拉湾地区就不好说了。对于生活在孟加拉湾沿岸的人来说，书里描绘的多元文化世界可能就是他们习以为常的生活罢了。"

---

[1] 本文原为笔者撰写的《横渡孟加拉湾》的书评。参见 [印度] 苏尼尔·阿姆瑞斯：《横渡孟加拉湾：自然的暴怒和移民的财富》，尧嘉宁译，朱明校译，浙江人民出版社，2020 年。

对于孟加拉湾日常生活中的多元文化，我深有感触。2015 年的时候，我住在新加坡马里士他路（Balestier Road），住所楼下有一座"新加坡缅甸玉佛寺"——新加坡唯一的一座缅甸佛寺。寺中的大佛坐像由 20 世纪初在新加坡工作的缅甸人集资，在缅甸曼德勒采石制作，并通过陆路和海路于 1921 年运至新加坡。而在缅甸玉佛寺的旁边恰好是一座南洋风格的别墅，由南洋华商张永福于 1905 年购置，取名为晚晴园。同年中国同盟会在日本成立，张永福因而将晚晴园借给孙中山从事革命联络工作。孙中山以晚晴园作为同盟会南洋支部所在地，在此多次组织革命活动。

某天傍晚，我散步到缅甸玉佛寺，里面只有一位工作人员在清扫地面，于是我就跟他攀谈了起来。这位工作人员是缅甸人，已经在新加坡的餐饮行业工作了十年，时常来佛寺当义工。他问我是做什么的，我告诉他我是研究锡克人的。原本我以为面前这位缅甸人根本不知道我在说什么（毕竟以我在中国的经验，确实没有太多人知道锡克人），然而他却以很平常的语气回答道："哦，我家乡那边曾经也有不少锡克人，还有锡克庙，不过他们现在都走了。"带着一种不敢相信的眼神，我赶紧追问他的家乡在缅甸哪里。他说在缅甸南部一

图 1.1 新加坡缅甸玉佛寺。曹寅 2016 年摄

图 1.2　新加坡晚晴园。曹寅 2016 年摄

个叫作毛淡棉的地方，乔治·奥威尔（George Orwell）在那里做过警察，并写下了小说《射象》（*Shooting an Elephant*）；约瑟夫·鲁德亚德·吉卜林（Joseph Rudyard Kipling）则在毛淡棉的杰昙兰佛塔（Kyaik Than-lan Pagoda）写出了诗篇《曼德勒》（*Mandalay*）。

2016 年，我坐了十个小时的火车从仰光来到毛淡

图 1.3　缅甸毛淡棉锡克庙。曹寅 2016 年摄

棉。在一座监狱的对面找到了那座已经被废弃了许久的
锡克庙。尽管没有发现什么锡克移民，但当地却有着规
模不小的华人（主要是福建裔和广东裔）、印度裔，以
及南亚穆斯林族群。华人会馆、印度庙和清真寺点缀在
遍布全城的上座部佛教寺庙中间，似乎不用更多文字说
明便能感受到一百多年前这里发生的横渡孟加拉湾的
盛景。

几年之后我搬家到了新加坡中北部的武吉班让（Bukit Panjang）。刚搬过来我就发现路边有一座规模宏大的印度庙。这座叫作穆如干山神庙（Murugan Hill Temple）[1]的印度教神庙是20世纪60年代一个叫作尚穆根（Shanmugam）的南印度劳工为崇拜湿婆神倡导建立的。经过将近半个世纪的搬迁和扩建，如今的穆如干山神庙已经是新加坡最为重要的南印度神庙之一。在与神庙义工的交谈中，我发现该神庙的创立者尚穆根的身份很模糊。没有人知道这位尚穆根的全名，也没有他的生平信息，大家只是隐约知道他的老家在南印度泰米尔纳德的特兰奎巴（Tranquebar）。

图 1.4 新加坡穆如干山神庙。曹寅 2020 年摄

---

[1] 穆如干是印度教三大神之一湿婆神之子室建陀（Sakanda）的别名。

穆如干山神庙的创立者来自泰米尔纳德这一点并不让我惊讶，因为穆如干神崇拜本来就在泰米尔纳德地区非常流行，不过特兰奎巴这个地方却十分有趣。在哥本哈根的丹麦国家博物馆，有一个展区专门用来展览丹麦以往殖民过的地区的风土人情，其中涉及丹麦在亚洲仅有的两块殖民地：特兰奎巴和塞兰坡（Serampore）[1]。

丹麦东印度公司于 1616 年在哥本哈根建立，致力于打通北欧与印度之间的贸易联系。1620 年，该公司的船队抵达印度东南面的科罗曼德海岸，随即与坦贾武尔王国（Tanjore Kingdom）签订协议，获得了特兰奎巴一块土地的拥有权。丹麦人随即开始在此处建设贸易仓库和堡垒。

特兰奎巴的堡垒是目前印度保存得最为完好的星形要塞之一，其特征是帷幕墙向外凸出呈角形结构体，以此形成众多相互掩护无射击死角的防御体系。作为近代早期西欧军事革命的产物，星形要塞的建筑技术随着西方在亚洲的殖民扩张而传播至孟加拉湾各地。葡萄牙人在斯里兰卡的加勒（Galle）和马来亚的马六甲

---

[1]　位于今印度西孟加拉邦，靠近加尔各答。

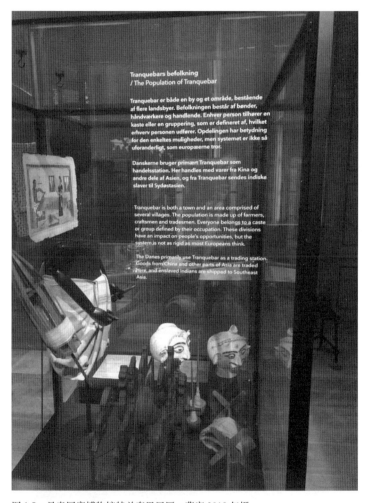

图 1.5 丹麦国家博物馆特兰奎巴展厅。曹寅 2019 年摄

（Malacca）都建有星形要塞。17 世纪中叶，荷兰人摧毁了葡萄牙在加勒和马六甲的据点，并在两地又建筑了自己的星形要塞。在孟加拉湾，星形要塞既是技术流动的产物，又在各个交通要道阻碍着流动。

穆如干山神庙的隔壁是武吉班让客属公会大厦，由居住在武吉班让附近的客家移民在 20 世纪 30 年代组织成立。某天我路过大厦，看到一个老人坐在门口，便上去询问这个客属大厦与隔壁的印度庙是否有着联系，毕竟这条路上似乎只有这两个建筑。老人摆摆手说没

图 1.6　印度特兰奎巴星形要塞。曹寅 2019 年摄

图 1.7　斯里兰卡加勒要塞。曹寅 2015 年摄

图 1.8　马来西亚马六甲炮台。曹寅 2015 年摄

有什么关系，只是凑巧罢了。顿了一会儿之后，老人又若有所思地说："我以前在马来西亚的时候，隔壁也是这种样子的印度庙。"原来老人姓张，是客家人，祖籍广东梅州，出生在马来西亚的麻坡（Muar）。他的父亲原先从梅州来到苏门答腊岛棉兰（Medan）的一个烟草种植园做工，但由于经济危机——可能是 1930 年代的大萧条——种植园无法支付薪水，他的父亲就逃去了麻坡，并在当地的一个棕榈种植园谋生，由此结识了他母亲。老人出生在 1940 年代，住在麻坡梅里亚姆大道上（Jalan Meriam），他家旁边就是一座南印度风格的印度教神庙，与穆如干山神庙相似，都被用来崇拜湿婆。

图 1.9　新加坡武吉班让客属公会大厦（旁边可见穆如干山神庙）。曹寅 2020 年摄

图 1.10　印尼棉兰华人富商张耀轩的家庭合影及其种植园产业
来源：网站 https://storiesfromdeli.com/2020/12/25/1539/

图 1.11 马来西亚麻坡梅里亚姆大道印度庙。罗斯尼·埃米琳达（Rosni Emilinda）摄影

来源：http://www.emilinda.com/2018/02/fam-trip-tram-ke-bandar-muar-johor-hari. html?m=0

无论是缅甸玉佛寺、锡克庙、星形要塞，还是穆如干山神庙，麻坡的种植园，这些横渡孟加拉湾的元素就像散落在沙滩上的贝壳一样，俯拾皆是。然而，就是这种被居住在孟加拉湾沿岸的居民视作常态的跨区域多

元文化却在很长的一段时间里被学术界所忽略。过去的半个多世纪中，学术界对于东南亚和南亚的研究大多是以民族国家为单位和框架开展的，因此我们常常看到的研究是"泰国农业发展史""马来西亚共产主义运动""孟加拉国的妇女权益""印度的水资源危机"，等等。即使一些学者认识到民族国家框架的不足，并开始尝试运用区域研究的方法，将民族国家整合进他们所在的区域中进行综合考察，但诸如南亚研究、东南亚研究、东亚研究的划分实际上又人为地制造了新的区隔。孟加拉湾各地区之间的联系就在南亚研究和东南亚研究的老死不相往来中被学术界人为地切断了。

冷战结束之后，区域研究得到的资金支持日渐萎缩，而全球化的加速则带动了全球研究的兴起，跨区域研究方法的呼声甚至在东南亚研究和南亚研究内部也日益高涨。正是在这种大的趋势和背景下，《横渡孟加拉湾》一书脱颖而出。更加难能可贵的是，作者意识到了全球研究背后暗含的精英话语以及跨国流动之下隐藏的资本逻辑。因此，这本书不是在为"网络""联系""流动"等时髦的概念欢呼，而是在时刻警示读者们，精英话语包装下的资本逻辑将对自然环境产生如何巨大的消极影响。

《横渡孟加拉湾》一书由八个章节构成，时间跨度长达五个世纪，每个章节覆盖一个时间段，由远及近地讲述孟加拉湾本身的自然环境、横渡者，以及横渡者所承载的资本与文化之间的互动。由于该书包罗万象，但又缺乏一个连续性的主题或者故事线，因此初读起来更像是一部有关孟加拉湾的百科全书和学术文献综述。但如果细细品味，其实全书的八章内容可以概括为四个各有主题的部分：近现代早期孟加拉湾的商业活动与物质文化交流（第一章，第二章）；18—19世纪欧洲殖民帝国在孟加拉湾沿岸的兴起与统治（第三章，第四章）；19世纪末至20世纪初孟加拉湾各地区民族身份政治的发端和民族国家的建立（第五章，第六章，第七章）；21世纪孟加拉湾所遭遇的气候变化危机（第八章）。

该书的第一部分集中讨论了西方势力取得统治性地位之前（作者认为西方在孟加拉湾取得绝对统治地位要迟至19世纪）孟加拉湾的自然地理，区域内的人口流动，以及经济文化交流。主要内容包括人类对于孟加拉湾自然地理环境的知识积累（阿姆瑞斯认为现代科学知识体系下的孟加拉湾地理并非由西方人从无到有发明出来的，而是建构在早期孟加拉湾土著的经验知识之上）；伊斯兰教在孟加拉湾沿岸的传播；葡萄牙人在该地区的扩张；欧洲贸易公司的活动（主要是英国和荷兰的东印度公司）；以及该时期孟加拉湾的主要商品（包括香料、布料、稻米、劳动力等）。这些内容本身其实并非什么方法上的创新或内容上的发现，早前不少学者已经就各个具体问题做了充分的研究。阿姆瑞斯的重要贡献则在于对前人工作的总结，并将其与自己人类学田野观察与档案研究所获得的鲜活的个体故事结合在了一起。

总体而言，在第一部分阿姆瑞斯主要借鉴了乔杜里（K.N. Chaudhuri）、瑞德（Anthony Reid）、苏布拉曼扬（Sanjay Subrahmanyam）以及利伯曼（Victor Liberman）等学者的研究。乔杜里在20世纪80年代受布罗代尔（Fernand Braudel）地中海研究的启发，写成了《印度洋上的贸易与文明》(Trade and Civilization in the Indian Ocean) [1] 一书。此书后来被公认为早期近代印度洋研究的权威作品。乔杜里在书中详细描述了8—18世纪印度洋各区域间不同的贸易网络。这些区域网络在不同时期存在着重叠、竞争、互补的关系，在伊斯兰教的黏合

---

[1] K.N. Chaudhuri, *Trade and Civilisation in the Indian Ocean: An Economic History from the Rise of Islam to 1750* (Cambridge: Cambridge University Press, 1985).

作用下构成了一套完整的印度洋贸易体系。

布罗代尔的区域研究方法在 20 世纪 80 年代也影响到了东南亚史学者。在乔杜里开始其印度洋贸易研究的几乎同一时期，瑞德亦开始了其两卷本的《东南亚的贸易时代》（*Southeast Asia in the Age of Commerce*）一书的写作，该书由两卷构成，由耶鲁大学出版社分别在 1988 年和 1993 年出版。[1] 瑞德强调近代早期东南亚地区的贸易是当时全球贸易网络重要的一环，扮演着联结东亚、南亚、地中海世界的枢纽作用。地区经济的繁荣促进了多元港口城市的发展以及普世性宗教的传播。这些因素结合在一起，使得东南亚在西方势力取得统治性地位之前就已经是一个内部高度融合的整合性区域了。

随着 20 世纪 90 年代全球史方法的兴起，区域研究的学者们不再满足于仅仅着眼区域内部的联系和比较。1997 年，苏布拉曼扬在《现代亚洲研究》（*Modern Asian Studies*）期刊上发表了一篇极为重要的论文《联

---

[1] Anthony Reid, *Southeast Asia in the Age of Commerce 1450-1680, Volume One: The Lands below the Winds* (New Haven and London: Yale University Press, 1988); *Volume Two: Expansion and Crisis* (New Haven and London: Yale University Press, 1993).

结的诸历史：注解早期现代欧亚的重构》(*Connected Histories: Notes towards a Reconfiguration of Early Modern Eurasia*)。在文中，苏布拉曼扬强调早期现代欧亚大陆之间的各个区域——东南亚、东亚、南亚、中亚、西欧等，不仅仅是在内部高度整合，区域之间亦存在着错综复杂的联系。[1] 通过强调这种跨区域联系，苏布拉曼扬进一步批判了将欧亚大陆各个区域视为互不相关的实体并在他们之间进行比较研究的方法[2]。

值得注意的是，苏布拉曼扬在文中也提及孟加拉湾对于研究早期现代跨区域联系的重要性，而《横渡》一书在很大程度上是对苏布拉曼扬所提出的方法和视角的继承和发展。将孟加拉湾作为一个独立区域进行

---

[1] Sanjay Subrahmanyam, "Connected Histories: Notes towards a Reconfiguration of Early Modern Eurasia", *Modern Asian Studies* 31, no. 3(1997): 735-762.

[2] 利伯曼是这一方法的主要倡导者，其代表作《形异神似》(*Strange Parallels*)两卷本由剑桥大学出版社分别在 2003 年和 2009 年出版。参见 Victor Lieberman, *Strange Parallels: Southeast Asia in Global Context, c. 800-1830: Volume 1, Integration on the Mainland* (Cambridge: Cambridge University Press, 2003); *Strange Parallels: Southeast Asia in Global Context, c.800-1830: Volume 2, Mainland Mirrors: Europe, Japan, China, South Asia, and the Islands* (Cambridge: Cambridge University Press, 2009)。

研究的实验可以追溯到 1994 年法国和印度学者在新德里召开的一场名为"亚洲海洋贸易和文化网络中的孟加拉湾，1500—1800"（The Bay of Bengal in the Asian Maritime Trade and Cultural Network, 1500-1800）的研讨会，会议论文之后由普拉卡什（Om Prakash）和伦巴德（Denys Lombard）编成论文集《孟加拉湾的商业与文化》（Commerce and Culture in the Bay of Bengal），于 1999 年出版。[1] 这次会议打破区域研究自身的排他性和藩篱，将跨区域的孟加拉湾作为人口、商品、思想的接触场域进行考察——此处阿姆瑞斯亦借鉴了维根（Karen Wigen）对于西方界定的现代地理概念的反思和批判。

该书的第二部分讲述 18—19 世纪西方殖民帝国在孟加拉湾沿岸地区的扩张以及当地人的反应。19 世纪上半叶，锡兰与英属海峡殖民地（包括新加坡、槟城、马六甲等地）的发展表明当时的西方殖民势力不再满足于贸易活动，而是试图将领土殖民与贸易相结合，首先开发殖民地内陆自然资源（譬如锡兰中部山区的种植园），再通过该地区的自由港（譬如新加坡）将原材料

---

[1]　Om Prakash and Denys Lombard, *Commerce and Culture in the Bay of Bengal, 1500-1800* (New Delhi: Manohar, 1999).

输出到世界各地，从而获得更大的利润。由于内陆自然资源的开发需要大量的劳动力，而富含自然资源的地区（主要是锡兰与马来亚）却又人口稀少，孟加拉湾区域大规模的人口流动随之被触发。这种人口流动又因为工业革命的到来而进一步被放大。一方面，工业革命所带来的铁路和蒸汽船使得跨孟加拉湾流动变得更为迅速和廉价；另一方面，工业革命又需要更多的原材料以及更多的开发原材料的劳动力。阿姆瑞斯进一步从上下两个视角探讨了19世纪横渡孟加拉湾的南亚移民的经历。对于殖民地政府来说，移民一方面是开发自然资源必不可少的劳动力，另一方面却又是各种社会问题的源头，因此需要管制和规训。对于移民者来说，他们的流动更多的是在资本和环境的重压下别无选择的结果。

在这一部分中给予阿姆瑞斯启发的可能并不是任何一部学术著作，而是印度作家高希（Amitav Ghosh）有关19世纪上半叶印度契约劳工和中印鸦片贸易的历史小说"朱鹭号三部曲"。[1] 在该系列小说中，高希刻画了印度契约劳工、美国黑人水手、帕西商人、中印混血儿等诸多底层角色，并将他们个人的命运与他们所处

---

[1]　该系列作品的前两部已经由人民文学出版社翻译成中文出版。

时代的印度洋人口、商品、知识流动结合在了一起。一方面，阿姆瑞斯将北美的印度学者发起的"庶民研究"（Subaltern Studies）与麦基文（Adam McKeown）全球移民研究[1]的理论融合在了底层叙事之中，尝试探索在19世纪跨越孟加拉湾普通人生活的方方面面；另一方面，鲍斯（Sugata Bose）和梅特尔夫（Thomas Metcalf）有关印度精英与平民如何参与塑造了英帝国的研究也对阿姆瑞斯产生了影响，使其在该部分特别分析了跨越孟加拉湾的移民对孟加拉湾沿岸地区的政治经济文化结构的构建。[2]

第三部分的内容集中在20世纪上半叶。随着移民逐渐定居在锡兰、缅甸、马来亚等地，殖民地当局建立了一套种族划分和身份识别机制以便进行更好的管治。身份差异的观念由此在移民以及本地人中被逐渐固化。现代印刷业的本土化加速了孟加拉湾沿岸各地区不同族

---

[1] Adam McKeown, *Melancholy Order: Asian Migrating and the Globalization of Borders* (New York: Columbia University Press, 2008).

[2] Sugata Bose, *A Hundred Horizons: The Indian Ocean in the Age of Global Empire* (Cambridge: Harvard University Press, 2009); Thomas Metcalf, *Imperial Connections: India in the Indian Ocean Arena, 1860-1920* (Berkeley: University of California Press, 2008).

群内部的身份认同，而 20 世纪 30 年代的全球经济危机则加深了本土排外情绪。在这种背景下，孟加拉湾主要移民目的地的民族主义所针对的对象并非仅仅是西方殖民者，更多时候则是外来移民。另一方面，分布在孟加拉湾的印度裔和华人移民也受到民族主义、共产主义、无政府主义等思潮的影响并组织起相应的政治运动，对殖民秩序构成了挑战。第二次世界大战的爆发彻底重塑了孟加拉湾的政治版图。随着民族国家取代殖民帝国成为该地区的主要政治实体，界限分明的国境、主权和公民身份赋予了移民新的含义。

这一部分以马来亚和缅甸为讨论中心，讲述了孟加拉湾地区身份政治的形成与发展。在参考本尼迪克特·安德森（Benedict Anderson）有关本土语言媒体的出现与民族主义形成的研究[1]基础上，阿姆瑞斯更多地利用了罗夫（William Roff）、米尔纳（Anthony Milner）、阿达斯（Michael Adas）等人对于马来亚和缅甸殖民地社会政治经济状况的研究。罗夫于 1967 年出版的《马来民族主义的起源》（*The Origins of Malay*

---

[1] Benedict Anderson, *Imagined Communities: Reflections on the Origin and Spread of Nationalism* (London: Verso, 1991).

Nationalism）[1] 被认为是马来亚近现代史的权威作品。在书中罗夫（Roff）认为普通马来人的民族主义情绪来源于对本土贵族王公、外来移民、殖民者三重压力的不满。在缺乏本土中产阶级的情况下，马来民族主义运动是由中下层马来语教师带动的。米尔纳通过对19世纪末20世纪初马来语文献的话语分析发现"民族主义"概念并不足以解释殖民地时期马来亚社会发生的各种政治运动。实际上，是这些政治运动参与者（包括保皇派、伊斯兰现代主义者、马来民族主义者）之间的竞争关系，而非过度简化的"民族主义"，塑造了殖民及后殖民时期马来亚的政治生态。[2] 至于缅甸的民族主义，阿达斯认为在英国殖民者的默许下，印度资本和劳动力涌入下缅甸地区，使得当地农民地位被日渐边缘化，由此埋下了民族主义的种子。值得注意的是，缅甸民族主义的首要目标是缅甸境内的印度裔移民，而非英国殖民者。[3]

---

[1] William Roff, *The Origins of Malay Nationalism* (New Haven: Yale University Press, 1967).

[2] Anthony Crothers Milner, *The Invention of Politics in Colonial Malaya* (New York: Cambridge University Press, 1995).

[3] Michael Adas, *The Burma Delta: Economic Development and Social Change on an Asian Rice Frontier, 1852-1941* (Madison: The University of Wisconsin Press, 1974).

　　在全书的第四部分，阿姆瑞斯重点讨论了21世纪孟加拉湾的环境问题。在过去的一个多世纪中，资本的力量促使人类对孟加拉湾沿岸自然资源进行了史无前例的开发，因而导致了水质污染、海岸线移动、滩涂沼泽和植被的消失、河口三角洲的下沉等环境问题。而那些被开采的自然资源本身在被人类消耗之后又加速了全球气候变暖，从而进一步加剧了孟加拉湾环境的改变，如季风规律的变化、热带气旋的增多、海水温度上升，等等。阿姆瑞斯认为气候变化将会迫使很多生活在孟加拉湾沿岸的人不得不背井离乡，成为"气候移民"。而这些移民势必又会带来新一轮的横渡孟加拉湾的故事。

　　夏威夷大学的伯茨（Ned Bertz）在评论鲍斯的《一百个地平线》（*A Hundred Horizons*）一书时说："除了甘地、鲍斯、泰戈尔这类名人外，此书并没有给读者提供太多故事使其了解普通人在印度洋上的旅行和经历。作者也没有将印度洋上的旅行者们自己的声音体现出来，而仅仅代之以学者式的分析。"从这个批评的角度来看，《横渡孟加拉湾》修正了以往印度洋研究过于精英化以及偏向殖民者叙事的风格。阿姆瑞斯将多国官方档案——该书至少运用了五个国家十三个档案馆的材料——与口述史以及私人文献相结合，成功还原了生活

图 1.12　由于海水倒灌而逐渐消失的红树林，南印度古达罗尔
（Cuddalore）。曹寅 2020 年摄

图 1.13 热带气旋来临前的仰光河。曹寅 2017 年摄

图 1.14 孟加拉国吉大港斯塔肯度（Sitakundu）拆船基地。曹寅 2018 年摄

在孟加拉湾区域的普通人的移民往事。至于为什么要研究这些普通人，用阿姆瑞斯自己的话来说："数以百万计横渡孟加拉湾的男男女女创造了他们自己的历史，但并不是他们所希望的那样。他们的选择受到自然、资本力量、殖民时期契约法和帝国自由贸易意识形态以及武力的制约。在这些限制下，这些小角色在现代亚洲历史舞台上的每个小决定，都以他们看不到的方式改变了世界。"

2

文学网络：伊斯兰在南亚和东南亚传播的另一种途径 [1]

主讲人 / 罗妮特·里奇（Ronit Ricci）

整理 / 姜应雄

公元 7 世纪，伊斯兰教在中东的阿拉伯半岛出现，随后逐渐传播到了在地理和文化上与中东有着巨大差异的区域，并逐渐发展成为一种世界性的宗教。南亚和东

---

[1] 本文为罗妮特·里奇教授主题为"南亚和东南亚的伊斯兰文学网络"的讲座总结。罗妮特·里奇教授为希伯来大学亚洲研究系与比较宗教研究系 Sternberg-Tamir 双聘讲座教授，兼任亚洲研究系系主任，主要研究方向为印度尼西亚历史与文化、爪哇与马来文学，以及殖民时期的亚洲流放者与离散群体。本次讲座基于罗妮特·里奇教授的专著《翻译伊斯兰：南亚与东南亚的文学、皈依与阿拉伯文化圈》(*Islam Translated: Literature, Conversion, and the Arabic Cosmopolis of South and Southeast Asia*)，该书曾获得美国亚洲研究学会（AAS）2012 年度的 Harry Benda（东南亚研究方向最佳专著）大奖。

2 文学网络：伊斯兰在南亚和东南亚传播的另一种途径

南亚是世界上大多数穆斯林群体的聚居区，伊斯兰教的传入是该地区乃至世界历史中最为重要的文化转变之一。关于伊斯兰教如何传播到南亚和东南亚这一议题，学者提出了各种各样的网络，比如旅行、商贸、苏菲主义（Sufi Brotherhood），通过这些不同的网络和途径，伊斯兰教得以在南亚和东南亚传播并走向兴盛。[1]然而，罗妮特·里奇提出应该在研究宗教、商贸等网络的基础上着重探讨另一种广泛存在的跨洋纽带，即文学网络（Literary Networks）。该网络涵盖了故事、诗歌、编年史、宗谱等文本；包括由听众、读者、译者、抄写员构成的文学活动参与者形成的共同体；还包括共享的知识宝库，即不同地区穆斯林共享的文本、口述材料、诗歌艺术、文体类型所共同构成的知识宝库。这一文学网络连接了跨越不同空间和文化边界的穆斯林群体，有助于建立跨地区的身份认同。本章首先探讨南亚和东南亚伊斯兰化的进程，随后聚焦这些地区作为物质和文化交流中枢或节点的特征。本章后半部分以伊斯兰教经典

---

[1]   在作者的讨论中，主要关注的是印度东南部的讲泰米尔语的地区及海岛东南亚的苏门答腊和爪哇地区，而该地区伊斯兰文化圈的范围则宽广得多，跨越菲律宾南部，印尼苏拉威西、马都拉，泰国南部府县，马来西亚大部分地区以及斯里兰卡地区。

《千问书》(*The Book of One Thousand Questions*) 于公元 16—19 世纪的爪哇语、马来语、泰米尔语翻译和改写为例，探讨宗教皈依与文学翻译、传播之间的关系。

伊斯兰教在南亚与东南亚的传播及两地的联系

伊斯兰教在南亚和东南亚地区的传播是一个复杂的过程，学术界对这个问题的讨论从未停止。学者们基于考古挖掘、旅行日记和地方编年史提出了许多理论，用以解释伊斯兰教在上述地区的传播及各地居民的皈依过程。[1]

约公元 7 世纪中叶，伊斯兰教很可能就已经在东南亚出现。也有证据表明，公元 10—12 世纪，使用阿

---

[1] 关于伊斯兰教在印尼－马来地区传播的问题参考如下书籍和论文：Ismail Hamid, *The Malay Islamic Hikayat, Monograph Institut Bahasa Kesusastraan Dan Kebudayaan Melayu* (Kuala Lumpur: Univetsiti Kebangsaan Malaysia,1983), pp.13-28; G. W. J. Drewes, "New Light on the Coming of Islam to Indonesia?", *BKI* 124.4(1968):433-459; Merle Calvin Ricklefs, *A History of Modern Indonesia Since C.1200, 3d ed.* (Basingstoke:Palgrave, 2002), pp.4-13。这些书籍和论文提供了关于这一问题的更多文献。

拉伯语姓名的使节就曾拜访过苏门答腊的三佛齐王朝（Srivijaya）。然而，该地区并没有立即转变为伊斯兰教国家。直到 13 世纪，苏门答腊北部发现的墓碑表明该地已处于穆斯林统治之下。著名的旅行家马可·波罗和伊本·白图泰（Ibn Battuta）在经过这个地区的时候，都注意到当地的统治者已经是伊斯兰教的信奉者[1]。在东爪哇的特罗勿兰（Trawulan）和特拉雅（Tralaya）墓地还发现了一系列重要的墓碑，这些墓碑作为穆斯林的墓地，使用的是古老的爪哇纪年和塞迦纪年（Shaka）[2]而不是伊斯兰纪年，表明当时穆斯林已经在这个地方生活。马六甲王朝于 15 世纪之初建立，后来成为马来半岛的伊斯兰教中心，直到 1511 年被葡萄牙占领。15 世纪和 16 世纪的一些墓碑还记载了北苏门答腊其他的伊斯兰教国家。伊斯兰教除了在马来半岛和爪哇传播之外，还向东传播到了菲律宾南部等地区。综合这些历史证据后可以发现，伊斯兰教在东南亚的传播是一个缓慢和渐进的过程。

---

[1] Merle Calvin Ricklefs, *A History of Modern Indonesia Since C.1200* 3d ed. (Basingstoke: Palgrave, 2002), p.4.

[2] 印度历史上的一种纪年方法，比公元纪年晚 78 年。6—7 世纪左右，塞迦纪年传播到东南亚各国。

至于泰米尔地区，考古证据显示伊斯兰教自从公元 8 世纪起就出现于科洛曼德地区（Coromandel Region）[1]。研究印度洋贸易的学者指出从 8 世纪起直至葡萄牙殖民时期，伊斯兰教在马拉巴海岸（Malabar Coast）[2]、科洛曼德海岸（Coromandel Coast）、斯里兰卡地区等地尤其活跃，科洛曼德港还成了重要的贸易中心。马匹、宝石、珍珠、纺织品等商品的贸易维持了穆斯林群体的壮大。[3] 斯里兰卡地区除了居住着众多泰米尔穆斯林（Tamil Muslim）群体之外，还和重要的朝圣地亚当峰（Adam's Peak）有着密切的关系。伊斯兰教徒认为，亚当峰是第一位人类先知阿丹（亚当）被驱逐出天堂后坠落的地方。

如同海岛东南亚地区的例子一样，在泰米尔地区发现的墓碑上的铭文也提供了伊斯兰教很早就存在于这

---

[1] 印度半岛东南部海岸名称。

[2] 印度半岛西南部海岸名称。

[3] Susan Elizabeth Schomburg, " 'Reviving Religion': The Qadiri Sufi Order,Popular Devotion to Sufi Saint Muhyiuddin 'Abdul Qadir Al-Gilani, and Processes of 'Islamization' in Tamil", (PhD diss., Harvard University, 2003), pp.19-20.

个地区的证据。凯埃拉卡赖（Kalakkrarai）[1]海岸的清真寺墓碑上的铭文证实了从 7 世纪或者 8 世纪起，阿拉伯人聚居区就存在于这个地方。当地的国王准许阿拉伯商人在这个地区定居，并赐予他们土地建设自己的社区。[2]随着这个地区在连接南印度和西亚、马来半岛各港口的纺织品贸易中扮演着越来越重要的作用，阿拉伯商人聚居区不断增多，同时，穆斯林商人势力在泰米尔的地方朝廷中崛起。[3]伊斯兰教在该地区传播的进一步证据来自游记，尤其是著名旅行家马可·波罗和伊本·白图泰的日记。[4]

　　苏菲派的影响被认为是伊斯兰教在南亚和海岛东南亚地区传播的最重要因素。苏菲派专注于个人奉献、治疗以及圣徒的超凡魅力，为那些穆斯林和非穆斯林间提供了一座信仰的桥梁，就像南亚和东南亚其他宗

[1]　印度泰米尔纳德邦拉乌纳塔普兰县（Ramanathapuram）的一个城镇。

[2]　Takya Shuayb Alim, *Arabic, Arwi and Persian in Sarandib and Tamil Nadu* (Madras: Imamul Arus Trust,1993), pp.12-21.

[3]　Susan Bayly, *Saints, Goddess and Kings: Muslims and Christians in South Indian Society,1700-1900* (Cambridge: Cambridge University Press,1990), pp.73-74.

[4]　Takya Shuayb Alim, *Arabic,Arwi and Persian in Sarandib and Tamil Nadu* (Madras: Imamul Arus Trust,1993), p.21.

教一样。那些与苏菲派伟大导师联系密切的神殿通常会引发人们虔诚的崇拜，在伊斯兰教的传播中具有重要作用。[1]

南亚和东南亚地区不同形式的接触为伊斯兰文学网络的出现提供了重要基础。印度东南海岛和印尼曾是印度洋贸易网络的一部分，通过海洋贸易，文本和共同的观念得以通过穆斯林商人、朝圣者、士兵进行广泛传播。沿海重要的贸易中心和港口则发展成为主要的伊斯兰教文化中心。[2] 比如，16—17世纪，爪哇北岸的万丹苏丹国与来自科洛曼德海岸的穆斯林商人有密切的贸易往来。17世纪，为了交换香料、樟木、胡椒，戈尔康达苏丹国（Golconda）的纺织品、钢、铁、珠宝等商

[1] Susan Bayly, *Saints, Goddeness and Kings: Muslims and Christians in South Indian Society,1700-1900* (Cambridge: Cambridge University Press,1990), pp.74-75.

[2] 关于这些地区贸易与伊斯兰教的关系，参考 Andre Wink, "'Al-Hind': India and Indonesia in the Islamic World Economy,C.700-1800 A.D.", in *India and Indonesia During the Ancient Regime*, Vol.3 (Leiden:E. J.Brill,1989),48-49; Kenneth Mcpherson, *The Indian Ocean: A History of People and the Sea* (New Delhi: Oxford University Press, 1994), pp.76-78。

品也出口到亚齐王国[1]。

除了贸易网络之外，南亚和东南亚的穆斯林还建立了其他联系，如共同的朝圣地。在17世纪，他们就已经共享了许多朝圣地，许多朝圣地至今依然深受穆斯林欢迎。比如，17世纪，卡耶尔帕蒂纳姆（Kayalpattinam）[2]的苏菲派首领萨达卡图剌（Sadaqatullah）的墓地吸引了来自马来亚和印度尼西亚的崇拜者。南亚和东南亚的穆斯林还遵循相同的教法（沙斐仪派，"Shafi'i"）。另外，泰米尔纳德邦、苏门答腊、爪哇三个地区的伊斯兰经学堂也有很多共同点。在殖民时期，这种联系通过殖民地种植园劳工、殖民地士兵、流放人口延续了下来。

罗妮特·里奇的研究主要关注的是印度东南部和海岛东南亚之间的联系是如何在文本中被描述和理解的。海岛东南亚的许多地区的名称曾出现在早期的梵语和泰米尔文本中。印尼的有些地区在印度东南部苏菲派的传奇和编年史中，被认为是上师必须去展示禁欲主义

---

[1] Denys Lombard, "The Indian World as Seen From Acheh in the Seventeenth Century", in *Commerce and Culture in the Bay of Bengal, 1500-1800* (New Delhi: Manohar Publishers 1999), p.186.

[2] 印度泰米尔纳德邦图苏库缇县（Toothukudi）的一个城镇。

壮举的地方，并被描述为"能最大程度考验其力量的奇异之地"[1]。印度在爪哇和马来文学文本中被称为"风上之地"（land above the winds），与描述海岛东南亚的"风下之地"相反。

以上展示了南亚和东南亚穆斯林之间的持续联系、人员的亲密互动以及观念和实践的流转，接下来一节将以一个在南亚、马来半岛、爪哇广泛流传的伊斯兰教经典文本《千问书》为例，对文学文本在维持这些网络中发挥的作用加以探讨。从 10 世纪起，《千问书》就被翻译成许多不同的语言，并被具有不同语言和文化背景的穆斯林所共享，为学者提供了一个绝佳的视角来探讨伊斯兰化、宗教皈依、文学翻译之间的关系，以及文学网络在南亚和东南亚文化圈中所扮演的角色等问题。

《千问书》

《千问书》讲述了公元 7 世纪阿拉伯半岛一位叫作阿卜杜拉·伊本·萨拉姆（Abdullah Ibnu Salam）的犹

---

[1] S. Bayly, "VIII. Islam and State Power in Pre-colonial South India", *Itinerario*12, no.1(1988): 143-164.

太领袖以一系列关于仪式、历史、信仰和神秘主义的问题挑战穆罕默德先知的故事。穆罕默德先知依次对其问题进行了答复，随后，这位犹太领袖被先知的智慧折服并皈依了伊斯兰教。故事框架是犹太领袖提出问题，穆罕默德做出答复，而关于宗教皈依的问题处于所有这些问题的核心。问答形式反映了伊斯兰教早期的传统，因为犹太教领袖向穆罕默德请教问题的故事类型在此之前已经出现在《圣训集》和《古兰经》注释中，甚至可以追溯到伊斯兰教的早期历史。这种故事类型表明，伊斯兰教作为一种新型宗教在阿拉伯半岛出现时与犹太教之间存在竞争关系。

这种一问一答的形式具有较大的灵活性，问题和答案可根据传播地的语言、文化、民间故事进行改编，同时，问题和答案本身也呈现了在不同时间和地区存在的最根本问题。比如阿卜杜拉·伊本·萨拉姆关于谁死后应该进入地狱的问题，不同的作者对于惩罚和罪行的描述不尽相同，这些描述也限定了穆斯林社会行为举止的边界。比如在泰米尔地区，由于穆斯林是少数群体，《千问书》强调非穆斯林习俗有可能导致可怕后果，这些非穆斯林习俗包括将石像、铜像奉为神像；瘫倒在地、捶打胸膛、为死去的亲人号啕大哭；听不同类型的音乐，等等。在爪哇，《千问书》的大多数版本于 18 世纪或 19 世纪被抄写，而此时，大部分爪哇人已经皈依了伊斯兰教，所以《千问书》的作者不太强调伊斯兰教和非伊斯兰教传统之间的边界，地狱在各版本的《千问书》中并没有占据突出的位置。爪哇语译本特别强调神秘主义教义，以至于在 19 世纪末，原作中的犹太教领袖由一名穆斯林领袖（guru）替换，以指导其信徒。这种转变体现了宗教论争内容的变化——宗教形成之初，论争介于犹太教与伊斯兰教之间；而到 19 世纪末，论争的焦点则存在于穆斯林群体内部，重点讨论作为穆斯林和爪哇人分别意味着什么。

《千问书》最早的版本出现于公元 10 世纪前后的阿拉伯半岛，它最早的译本是 12 世纪的拉丁语译本。后来又从拉丁文翻译成欧洲各种语言，如荷兰语、德语、法语、葡萄牙语、意大利语等。在被翻译成欧洲语言时，它常常与《古兰经》装订在同一书卷里，暗示它是一部重要的宗教作品，赋予了它在伊斯兰世界所不具备的权威。16—18 世纪，《千问书》又被翻译成其他语言，包括波斯语、土耳其语、乌尔都语、巽他语、武吉斯语等。可以看出，《千问书》跨越了不同的地理和文化空间，被不断地讲述和复述。在所有这些语言中，作

品的标题、篇幅、问题数量及一些主题元素都随着传播
地点的改变而改变。

　　从广义上说，泰米尔语、爪哇语、马来语版本的
《千问书》都翻译于阿拉伯语，在文本的许多主题和维
度上，阿拉伯语版本的许多传统在这三种语言的《千
问书》版本中都有体现，比如犹太人来到麦地那与先
知讨论的问题构成了穆罕默德和阿卜杜拉·伊本·萨
拉姆的对话；先知与阿卜杜拉交谈并引用穆斯林信条使
阿卜杜拉皈依了伊斯兰教；引用《古兰经》以支持穆罕
默德的回复。除此之外，还包括一些共同的话题，比
如古代先知与神的关系、字母神秘主义、天使吉卜利
勒（Gabriel）的角色、阿丹和哈娃的困境、耶路撒冷作
为世界的中心。在南亚和东南亚流传的《千问书》翻译
版本虽然具有类似的故事、情节、人物，但也有很大区
别。在泰米尔语中，只有16世纪基于波斯语创作的唯
一版本流传至今。泰米尔语版本的《千问书》是一个非
常诗化的作品，它表达了泰米尔穆斯林少数群体16世
纪在葡萄牙统治下经历的艰苦岁月。对比之下，在爪哇
语中，至少有20多个手抄本和一个1913年的印刷本流
传下来，现存最早的版本可以追溯到17世纪晚期或18
世纪早期。爪哇语版《千问书》的典型特点是抄写者、

日期、从何种语言翻译这些信息都未注明。

马来语中流传下来的《千问书》也有许多不同的版本，这说明其故事在当地很受欢迎。大多数马来语版的《千问书》把故事的起源归因于穆罕默德的叔叔阿巴斯（Abbas）。另外，马来语版本的特别之处在于其叙事使用了不同的体裁，比如传统四行诗（Shair）、宗教经典(Kitab)、传记（Hikayat）等。

下面将分别从三种语言中节选一段，以展示不同语言版本的《千问书》如何在不同的文化背景中传播，及不同版本使用了怎样的文体类型，语言中用到了怎样的意象、修辞等。图 2.1 节选自 16 世纪泰米尔语版的《千问书》。主题"眼睛"直到末尾才出现，这是泰米尔语诗歌的典型结构。另外，诗中还运用了很多体现南亚文化的比喻和意象，如以莲花、鱼眼比喻眼睛，象征美丽。该版本还反映了当时的审美标准，美丽的眼睛应该是内部泛红，眼神比阿里（穆罕默德先知的侄子）的宝剑还锐利。这个故事描述的是天堂中仙女（Hurlinkal）的眼睛，指出那些生前过着幸福生活并且捍卫信仰的人去世后，升入天堂就会遇到这些仙女。

图 2.2 中节选的文字充满了各种乐器的名称，体现出马来文化中音乐的重要性，但也可以看出马来人对于音乐的模糊态度，因为上述所有乐器都和麦西哈·旦扎

Like lotuses, like fish	Kañcaṉi kayalai ōṭṭik
[even] Yāma rejects their blue darkness	kālaṉaik kaṭintu nīlai
Poisonous, overflowing with nectar	nañcaṉi amutam tēkki
Slightly red within. Those who have faith,	nayaṉamuṭ civanti māṉai
Who follow the right path with dedication [shall have them]	neñcaṉi yātār tammai
More pointed even than the sword	nēruṟa nāṭṭa māṉa
In Ali's fair hand	mañcaṉi āli ceṅkai
Are their eyes.	vāḷṇum koṭiya kaṇṇār

Āyira Macalā 374 (1572/1984)

图 2.1　16 世纪泰米尔语版本的《千问书》中的一段诗文。罗妮特·里奇供图

Then all singers and dancers and those playing the *rebab* (string instrument), *kecapi* (string instrument), *dandi* (type of drum), *muri* (metal flute), *bangsi* (bamboo flute), *serdam* (bamboo flute), *ceracap* (cymbal), *gong*, *kendang* (drum), *serunai* (wind instrument) and *nafiri* (ceremonial trumpet) assembled and followed Dajjal, all delighting [in the music]

Maka segala orang penyanyi dan orang pandang menari dan orang memukul bunyi bunyian rebab, kecapi, dandi, muri, bangsi, serdam, ceracap, gong, kendang, serunai, nafiri, sekaliannya berhimpun mengikut Dajjal masing-masing dengan kesukaannya

Hikayat Seribu Masalah. Djamaris 1994: 74

图 2.2　来自于一种马来西亚语版本的《千问书》的一个选段。罗妮特·里奇供图

里（Dajjal）有关。旦扎里是一个邪恶的反宗教者，会诱惑人远离真正的信仰。在某种程度上，乐器体现了人们在皈依伊斯兰教的过程中对于音乐的矛盾且模糊的态度。

图 2.3 节选自 19 世纪末爪哇语版的《千问书》，它以适合吟唱的韵文方式书写。这种形式的韵文在爪哇语中被称为 "Tembang Macapat"，至今仍为人们所熟知。不同的韵律和不同的情绪、场景相连，因此韵律本身也是故事的一部分。围绕着唱诵的文本，朗诵者、听众、

All those who read [or]listen/   kang maca miyarsa kabeh/
are granted great mercy/   antuk karahmat agung/
the one who writes and the one who stores [the text]/   kang anurat lan kang nimpeni/
may they also be granted /   mugi sami antuka/
love from great God/   sih ing hyang kang luhur/
and the blessings of the Prophet Muhammad/   lan barkat nabi Mukamad/
in this world and the next guarded day and night/   dunya kerat rineksaha siyang ratri/
by the angels//   maring para malekat/
For [taking part in this text] is equal to visiting/   apan pinadhakaken ngujungi/
the Ka'abah and reading/   kakbatullah kelawan amaca/
the Qur'an for all of you/   maring kuran sira kabeh/
and it is the same as/   lawan padha puniku/
giving as alms a mountain of gold/   lan sidhekah emas sawukir/
and all your descendants/   muwah tatedhak ira/
granted forgiveness/   ing ngapura iku/
of all their sins/   apa ing sadosa nira/
guarded by a million angels/   pan malekat sayuta kang ngrekasa iki/
and [gaining] all that is in this world//   muwah isi ning dunya//

Serat Samud 1884 MS. PP St. 80 canto 20.33-34

图 2.3 19 世纪末爪哇语版本《千问书》中的一段。罗妮特·里奇供图

作词者、抄写者共同参与其中，形成了一个共同体。他们尊重文本传统，并与之产生了紧密的联系。因此，在爪哇语的版本中，大量的阿拉伯语词汇被保留了下来。

《千问书》在不同的语言和文化背景中被不断讲述、复述，使我们得以更深入地理解其传播地区的历史变迁。形式各异的问与答也向我们展示了在特定的时空中，不同的作者将不同的问题视为核心，并通过各种皈依故事指出加入伊斯兰教的缘由。

文学网络与阿拉伯语文化圈

旅行、商贸、苏菲主义（Sufi Brotherhood）等网络通常被认为是伊斯兰教在南亚和东南亚传播的基本途径和兴盛基础。而里奇教授则提出，有必要在此基础上进一步探讨广泛存在的"文学网络"——它将来自不同地区和文化背景的穆斯林群体连在了一起。

文学和语言对参与并维持这一"文学网络"起到了十分重要的作用。通过阿拉伯语，伊斯兰教对爪哇语、泰米尔语、马来语产生影响。要思考阿拉伯语在南亚和东南亚的地位，就必须考察阿拉伯语在伊斯兰世界中所具有的特殊地位。阿拉伯语被认为是一种完美的语言，而真主的神谕只有通过阿拉伯语才得以传达。《古兰经》被认为是不可翻译的，所以用阿拉伯语书写的文本在伊斯兰世界中具有崇高的地位。

南亚和东南亚的穆斯林也不例外：他们对阿拉伯语怀有同样的崇敬之情，都利用阿拉伯字母改写自己的语言，建立学习阿拉伯语的机构，借用阿拉伯语宗教术语和日常词汇，用阿拉伯语祈祷，并接受阿拉伯语文学。马来语、爪哇语、泰米尔语等地方语言中都曾出现基于阿拉伯语字母的拼写方式。如果我们不熟悉阿拉伯语，会以为它们全部是阿拉伯语。事实上，图2.5中分别是以阿拉伯字母拼写的马来语（Jawi）、爪哇语（Pegan）、泰米尔语（Araputtamil）。这种以阿拉伯字母拼写的地方语言各具特色，它们不仅使得书写、拼读变得更容易、方便、准确，还具有重要的象征意义——阿拉伯字母为地方语言赋予了某种权威，这种"神圣"的拼写可以让伊斯兰教徒们感到自己更接近真主。因此，当我们对这些地区的伊斯兰教文化进行思考时，阿拉伯语是其中最为重要的元素之一，翻译也是其中一种最根本的实践。

伊斯兰教传入前的书写体

		ㄱ	ga	<	nga
ㄱ	a	⼉	ba	ㄱ	na	⾧	ma
ㄥ	ta	ㄱ	ra	<	ja	ㄟ	la
ㄇ	pa	ㄇ	sa	ㄨ	da	ㅠ	nya
ㄨ	ba	ㄇ	wa	ㄩ	ya		
⎓	i	⎓	u				

இல்வினையத் தளமானது உங்களுக்கு அரசாங்கத்தின்
கட்டமைப்பு, அதன் வரலாறு, பரிணாமம் மற்றும் அதன்
தற்போதைய நிகழ்ச்சிகள், நடவடிக்கைகள் என்பன பற்றிய
ஒரு மேலோட்டமான கண்ணோட்டத்தை வழங்கும்.
மேலும் நீங்கள் அரசாங்கத்தின் கொள்கை முன்னெடுப்புகள்,
ஏனைய கலை அரசு, அரச சார்பற்ற நிறுவனங்களுடனான
தொடர்புகள் என்பன பற்றிய நேரடி ஆவணமிடலையும்
அத்தோடு நீங்கள் தேடக்கூடிய பத்திரிகை விமர்சனங்கள்
ஆவணக்களரி ஒன்றுக்கான அணுகுமுறையொன்றையும்
கண்டுகொள்வீர்கள்.

图 2.4　从上至下依次为采用阿拉伯字母拼写之前的马来语、爪哇语、
泰米尔语。罗妮特·里奇供图

采用阿拉伯字母拼写（伊斯兰教传入后）后的书写体

图 2.5　从上至下依次是以阿拉伯字母书写的马来语、爪哇语、泰米尔语。罗妮特·里奇供图

南亚研究者、梵学家谢尔顿·波洛克（Sheldon Pollock）在《人世间的诸神语言：早期印度的梵语、文化、权力》一书中所提出的"梵语文化圈"（Sanskrit Cosmopolis）概念，为思考南亚和东南亚的伊斯兰化以及语言和文学在其中扮演的角色提供了灵感和框架。[1]《人世间的诸神语言》尝试探讨前现代印度历史中文化和权力进行转变的两个重要时刻。第一次转变发生于公元纪年开始时，本来仅用于宗教实践的神圣语言梵语被重新改造，成为文学和政治表达语言。这次发展开启了一段非同寻常的历史，梵语文学与文化从南亚传播到东南亚。第二次转变发生于公元 1000 年之后，地方语言崛起并在文学和政治领域取代了梵语。在这两次转变之间，一个跨越南亚次大陆和东南亚的"梵语文化圈"逐渐形成，而梵语在其中具有重要的作用。波洛克的主要目的是探讨梵文文学文化的兴盛与传播、方言文学文化的形成，以及两者之间的互动如何重构彼此。在"梵语文化圈"之后，阿拉伯语在南亚和东南亚崛起，成为一种重要的跨地区语言，形成了一个"阿拉伯语文化圈"

---

[1] Sheldon Pollock, *The Language of the Gods in the World of Men: Sanskrit, Culture, and Power in Premodern India* (Berkeley: University of California Press,2006)

（Arabic Cosmopolis）。另外，"梵语文化圈"的形成为"阿拉伯语文化圈"的出现奠定了基础。

阿拉伯语对南亚和东南亚地区语言具有深远的影响，但施加影响的路径是与当地语言结合而非取代当地语言。虽然在南亚和东南亚地区有许多阿拉伯语文本，当地经学院也开设了阿拉伯语课程，但与中东不同的是，阿拉伯语并没有成为南亚、东南亚地区的主要语言，也不能认为本土文学（以爪哇语、马来语、泰米尔语等语言创作的文学）是在阿拉伯语的影响下才得以兴起的。但不可否认的是，阿拉伯语深刻地影响并形塑了南亚和东南亚地区的语言和文学实践。

除了使用以阿拉伯字母为基础的拼写系统，这三种语言里还充满了阿拉伯语词汇、习语、故事。当然，文学网络不仅仅与使用了多少阿拉伯语词汇有关，也与传播的作品类型和范围有关。在这个文学网络中，常见的传播作品类型包括各种语法书、诗歌、法律文学、神学著作，以及早期穆斯林国王和战士的英雄故事与传说。一个很典型的例子是一部描述穆罕默德叔叔埃米尔·哈姆扎（Amir Hamza）生活的多卷本，这部作品在爪哇语和马来语中都能找到。早期先知及其随从们的

故事也流传甚广。描述先知本身的故事作品在文学网络
中的作用亦是至关重要的。

　　在南亚和东南亚，伊斯兰化是一个持续却不平衡
的进程。《千问书》并不是唯一的伊斯兰文学经典，还
有其他形式多样的文本在这些地区广泛流传。通过文学
翻译，已皈依的伊斯兰信众能够重温教义，确保他们的
历史叙事方式符合教义；而对于刚皈依的信徒，文学翻
译则能够帮助他们理解伊斯兰教义、历史及生活方式。
而随着穆斯林群体的壮大，翻译的文本也不断增加，进
一步促进了伊斯兰教在世界范围内的传播。

3
印度尼西亚的伊斯兰社会主义及其南亚起源[1]

主讲人 / 凯文·福格（Kevin Fogg）

整理 / 陈钰兵　吴勉琪　谭博特

　　"什么是伊斯兰社会主义？"——这是一个对美国人来说有点恐怖，对印尼人来说有点荒诞，甚至是滑稽的问题。

---

[1]　2021 年 4 月，北京大学外国语学院举办了题为"印度尼西亚伊斯兰社会主义及其南亚起源"的学术讲座。主讲人凯文·福格是北卡罗来纳大学教堂山分校亚洲中心副主任。福格博士曾任教于牛津大学历史系和牛津伊斯兰研究中心，研究方向为东南亚历史，特别是伊斯兰社会及后殖民时期的印度尼西亚。其专著《印度尼西亚的伊斯兰革命》（*Indonesia's Islamic Revolution*）于 2019 年由剑桥大学出版社出版。本文以讲座内容和福格博士的专著为主要依据。

实际上，这种荒诞和滑稽都不是毫无根据的。1965年印尼"九三零运动"爆发后，以印尼共产党为代表的左翼势力遭受了大清洗。苏哈托上台后，印尼共及其他左翼势力在新秩序时期（New Order）的威权压制下几近销声匿迹。而印尼国内主要伊斯兰宗教组织，如伊斯兰教士联合会（Nahdlatul Ulama）[1]，也在"九三零事件"中加入右翼阵营，在部分地区，宗教军队甚至是清剿屠杀国内左翼残留势力的主要力量。因此，在印尼社会的语境中，"伊斯兰"和"社会主义"似乎是毫不相干，甚至是相互冲突的两种意识形态和政治理念——对于成长于威权时期的印尼普通民众而言，"伊斯兰社会主义"不仅荒诞，也几乎没有实现的可能。

事实上，印尼的左翼势力与伊斯兰宗教组织有着悠久的历史交集，"伊斯兰社会主义"也的确存在过，并对印尼民族主义和伊斯兰组织产生了深远的影响。哈

---

[1] 伊斯兰教士联合会是印尼规模最大的伊斯兰教组织，目前拥有成员约 9000 万人。该组织创立于 1926 年，推崇伊斯兰教义与本土文化的和谐共生。伊斯兰教士联合会的"传统主义"宗教观区别于推崇"现代主义"的印尼第二大伊斯兰教组织穆罕马迪亚（Muhammadiyah），后者推崇严格解读古兰经和圣训。

吉·米斯巴赫（Haji Misbach）是印尼左翼势力与伊斯兰宗教组织相结合的代表性人物之一，他是一位共产主义者，也是伊斯兰联盟（Sarekat Islam）的成员。在米斯巴赫看来，共产主义和伊斯兰教义之间并不相互冲突，而是相互兼容的——穆斯林也应践行共产主义及其所倡导的经济再分配思想。这在殖民晚期的印尼社会逐渐成了一种思潮，而绝不仅仅是米斯巴赫等个别知识精英的思想，甚至战后印尼杰出的伊斯兰政治领袖穆罕默德·纳西尔（Mohammad Natsir）[1] 也有类似的理论思想。

但是，伊斯兰社会主义并不缘起于那些"碰巧是穆斯林的社会主义者"。伊斯兰教教义和神学思想中的一些政治、经济理念与马克思主义不谋而合——这些思想和观念也就成了伊斯兰社会主义的理论根基。概括来说，伊斯兰社会主义强调保护穷人、批判资本主义和实现特定产业的国有化。这些围绕着生产生活方式和财富分配的学说最初由穆罕默德时代的先哲们提出，而不是

---

[1] 穆罕默德·纳西尔：印尼宗教家、政治家和自由斗士，是马斯友美党（Masyumi）的创始人和领袖。

由那些"碰巧是穆斯林的社会主义者"创立。伊斯兰神学思想认为社会财富应该被重新分配，社会弱势群体也应该得到相应的保护。只有这样，穷人、妇女、儿童才能够享有平等的权利。伊斯兰社会主义将原先纯粹道德层面上的主张发展成一种更有力、更主动的保护弱者思想。实际上，在民主主义思想觉醒和反殖民的国际背景下，许多地区的学者都进行了关于保护弱者和财富再分配的讨论，既包括亚非拉等殖民地国家的民族主义意识和主张，也包括欧洲大陆国家的社会福利保障思想，这也一度成为一种占据突出位置的全球性共识及意识形态。

伊斯兰社会主义的南亚起源

南亚学者穆希尔·侯赛因·基德维（Mushir Hosein Kidwai）的经历和著作对凯文·福格提出"伊斯兰社会主义"学说有重要的启发意义。基德维出生于印度北部一个贵族家庭，并在传统的伊斯兰学校接受教育，家里有着深厚的伊斯兰根基。1897年，基德维在英国律师事务所学习，几年内便获得律师资格。1904年，他回到印度从事法律工作，同时与伦敦穆斯林社群保持紧密

图 3.1　穆希尔·侯赛因·基德维。凯文·福格供图

联系，对国际伊斯兰问题有着浓厚的兴趣，也频繁往来于英国和印度之间。

值得注意的是，基德维也是一名多产的作家，在旅行期间，他将大量时间倾注于理论写作。1908—1920年间，基德维出版了18本小册子，主题包括女性问题、土耳其政治、不同宗教殉难方式的比较等。作为一名穆斯林领袖，基德维积极思考了"一战"后宗主国撤军给穆斯林社会带来的影响，关注穆斯林社会未来的发展问题，这些思考也成了基德维提出伊斯兰社会主义的思想基础。在准备从印度返回英国途中，基德维写成了一部题为《伊斯兰和社会主义》（*Islam and Socialism*）的著作，集中讨论了他基于印度宗教实践总结得出的伊斯兰社会主义原则。

在彼时的英国，社会主义是一种非常盛行的思想。对于正在追求解放的印度人民而言，社会主义也具有相当的吸引力。但是，基德维意识到，如果仅仅是谈论社会主义这种意识形态，印度的民族主义者们可能难以接受，因此，他对社会主义思想进行了宗教化改造的尝试。在《伊斯兰和社会主义》一书中，基德维总结了关于泛伊斯兰主义（Pan-Islamism）[1]的观点。他认为，世界上所有的穆斯林都应该团结起来反抗殖民政权，实现伊斯兰复兴。为此，人们需要构建统一的政治制度和体系，从而实现对财富的重新分配和对弱势群体的保护。对于穆斯林来说，社会主义意味着不同的个体在政治、经济、社会和宗教事务上能够保持有组织的、和谐的且具有持续性的合作关系，以确保人民享有普遍的福利，社会繁荣。基德维在对古兰经、伊斯兰历史和欧洲历史研究的基础上谈论社会主义，认为伊斯兰社会主义本质上是一种宗教制度。

上述观点在《伊斯兰社会主义》一书中的呈现方式是相对分散的，主要体现在基德维关于未来的国家结构、如何实现社会团结、如何挑战权威、如何重新分配财富、如何重新审视历史等重要问题的讨论上。在基德维看来，伊斯兰社会主义实际上是一个相对宽泛的话题，因此书中对于很多问题的讨论都不够具体。他在书中粗浅讨论了殖民地人民应该如何建立民族国家、谁将

---

[1]　泛伊斯兰主义：倡导穆斯林团结在伊斯兰国家或具有伊斯兰原则的国际组织下，以遏制西方化进程并实现伊斯兰教的统一，是一种政治运动。

成为这个国家的公民、是否需要为了建立民族国家对社会进行强制性的重组、重组后的伊斯兰国家是否能够超过西方宗主国等问题。

这本书的英文版于 1911 年在英国出版，并在英国社会引起了一定的关注。基德维的著作并不仅仅面向英国的穆斯林精英群体，而是尝试与更广泛的英国人对话，告诉他们："我们（指穆斯林）和你们一样都在不断发展，不仅如此，我们的道德比你们更高尚；如果被赋予了同等的发展权力，我们的未来也同样是非常光明的。"[1]

基德维的著作在当时被大量刊发，流传甚广。现如今，这本书不仅在英国主要的大学图书馆中能够找到，而且流传到了北美，耶鲁、康奈尔、哈佛等大学图书馆均有收藏，可见它并不是一本无足轻重的小册子。

---

[1] Kevin W Fogg, "Indonesian Islamic Socialism and Its South Asian Roots", *Modern Asian Studies* 53, no. 6 (2019): 1741–42.

伊斯兰社会主义在东南亚的新生

"一战"结束后不久基德维就去世了，但他的著作和思想却引起了广泛关注，印尼伊斯兰思想家奥马尔·萨义德·佐克罗阿米诺托（HOS Tjokroaminoto）在其中发挥了至关重要的推动作用，他将基德维的思想进行了延伸和发展，并将其应用于印尼本土的民族解放运动。

佐克罗阿米诺托是印尼多位民族主义运动领袖的导师，对印尼民族解放做出了卓越贡献，被誉为"印尼

图 3.2　奥马尔·萨义德·佐克罗阿米诺托
来源：https://commons.wikimedia.org/wiki/File:HOS_Tjokroaminoto,_7.5rp_(undated).jpg

民族主义运动之父"。不仅如此，他还是一位非常杰出的组织者，是印尼第一个真正具有稳固群众基础的政治组织伊斯兰联盟的创始人。

许多历史学家常常认为至善社（Budi Utomo）[1]是印尼早期的民族主义运动的代表。但是，至善社本质上并不宣扬民族主义，它所推崇的身份认同仅仅指向爪哇本地，而非整个"印度尼西亚"。至善社几乎从不在政治上发声，欣然接受了与荷兰殖民者和平共存的局面。而伊斯兰联盟的前身是具有商会属性的伊斯兰商业联合会（Sarekat Dagang Islam），旨在团结起来与在殖民地经济中占有优势地位的华商竞争，保障穆斯林商人的权益。随后，伊斯兰商业联合会更名为伊斯兰联盟（伊联），规模也不断扩大，成了一个抵抗殖民统

---

[1]　至善社：20世纪初，一些受西方教育的知识分子在民族启蒙运动的影响下，主张兴办教育以振兴民族文化。爪哇退休医生瓦西丁·苏迪罗·胡索多（Wahidin Sudiro Husodo）在雅加达医科学校学生 R. 苏托莫（Sutomo）和提尔托库苏莫（Tirtokusumo）的协助下，于1908年5月20日创建"至善社"。该社成立初期是一个文化与教育组织，其宗旨为在爪哇和马都拉地区人民中重振爪哇传统文化，提倡发展教育，促进农业、工业和商业。特别强调维护人民尊严。至善社的主要成员为青年学生、爪哇贵族和政府文职官员。

治的激进民族主义组织，兼具政治和经济属性，在集体丧葬、商业合作、政治宣传等活动中十分活跃。其成员常常举办大型会议，进行政治演讲，甚至会在地方议会中提交对伊斯兰工人与企业有利的议案，例如1913年在泗水召开的第一次党代会，以及1917年举行的以"反殖民和反资本主义"为核心的伊斯兰联盟大会。不仅如此，伊斯兰联盟还充分考虑农民阶级的需求，帮助他们表达对殖民压迫的不满和对改善物质条件、社会解放的诉求。

1914年，伊联在爪哇已拥有36万名成员，并在爪哇之外的广大地区迅速扩张。到1919年，该组织已经拥有200万成员，成了荷属东印度最大的社团。随着伊联的逐步壮大，它在政治、经济和思想领域的影响与日俱增，最初要求通过立宪来保障土著居民的基本权益，后来开始逐渐以激进化方式拥护共产主义，在基层村庄也多次爆发反抗殖民的暴力事件。因此，荷兰殖民政府将其视为极大的威胁。

伊联的创立者们也开始探索伊斯兰组织的未来发展路径。他们当中有许多人是偏向马克思主义的，印尼共产党（Partai Komunis Indonesia）对伊联的影响也越来越深。1921 年 10 月，伊联做出决定，禁止其成员同时成为印尼共产党[1]。随后，伊联分裂成红白两个派别，红派受共产主义影响较深，对荷兰殖民当局采取不合作的态度，而白派则主张在殖民框架内进行活动，以推动渐进式改革。两派于 1921 年伊联全国代表大会上正式决裂，此次分裂对伊联的打击是巨大的——随着内部成员的高度分裂，再加上殖民政府的压力越来越大，伊联开始逐渐衰落。

---

[1] 1905 年印尼诞生第一个工会组织：全国铁路工会。此后其他工会组织相继成立。在俄国十月革命的影响下东印度社会民主联盟第七次代表大会于 1920 年 5 月 23 日召开，将联盟更名为"东印度共产主义联盟"，司马温为联盟主席。1924 年联盟改称"印度尼西亚共产党"。印尼共成立后，伊斯兰联盟内激进派领导人司马温等共产党人和改良派之间的矛盾日益突出。1921 年，伊斯兰联盟通过决议，不准中央机构的盟员同时参加其他政党。1923 年又通过决议，不允许地方组织盟员加入其他政党。司马温等共产党人退出伊联，于同年建立红色伊斯兰联盟，吸收农民加入。1924年，红色伊斯兰联盟改组为人民同盟，接受印尼共的领导，派代表参加印尼共的代表大会。

剽窃、译介与再创造

20世纪20年代初期是印尼经历剧烈变动的年代。其间涌现出了很多重要领袖，在工人运动中发挥了重要的作用。伊联创始人佐克罗阿米诺托就是其中之一，他是一位活跃且具有领袖魅力的领导人，甚至有人将他神化，将其视作可以带领爪哇人民脱离殖民统治的正义君主。

当时的印尼社会中流传着一本名为《伊斯兰和社会主义》（*Islam dan Sosialisme*）的印尼语小册子，专门讨论伊斯兰教与社会主义的关系，其作者正是佐克罗阿米诺托。事实上，整本书的大部分内容都是佐克罗阿米诺托从基德维英文版《伊斯兰和社会主义》剽窃而来。如果将基德维的原著与佐克罗阿米诺托所作的印尼语版进行比对，可以发现其中80%的内容都是直接翻译，其中的一个章节里甚至只有两句话不是基德维的原话。

但是基德维书中的一些内容也被佐克罗阿米诺托故意省略了。基德维在写作时借鉴了许多英国和法国的东方学理论，而佐克罗阿米诺托生活在荷兰殖民社会，他对荷兰东方学著作更为熟悉。因此，在翻译创作时，

图 3.3　佐克罗阿米诺托和《伊斯兰和社会主义》。凯文·福格供图

佐克罗阿米诺托将许多基德维引用的英国、法国东方学
理论替换成了荷兰东方学学说，并在全书的结尾处增加
了许多基德维没有讨论的内容，比如在最后一章放上
了伊联的组织章程，这是基德维书中所没有的。不仅
如此，佐克罗阿米诺托还关注女性在伊斯兰家庭中的地
位，并将他的观点和看法也写入了书中，这在当时的荷
属东印度社会是十分有争议的话题。

　　佐克罗阿米诺托的《伊斯兰和社会主义》在印尼社

会引发了巨大反响。很多人认为这本书的出现为印尼社会未来的发展指明了前进的道路，因此被广泛运用和讨论。当时从伊斯兰联盟中分裂出来的红派正在研究社会主义理论，他们以欧洲左翼组织、马克思主义政党和其他各种形式的社会主义政党、工人运动为学习对象，希望能够在伊斯兰和社会主义之间寻求一个平衡点。佐克罗阿米诺托的《伊斯兰和社会主义》与当时在欧洲蓬勃发展的工人运动和社会主义意识形态相吻合，而全书的理论根基又落脚在伊斯兰哲学思想和伊斯兰精神之上，与当时红色伊联的发展理念十分契合。

有趣的是，佐克罗阿米诺托从未去过英国和南亚，那么基德维的书是如何引起他的注意的呢？他又是如何习得英语并将基德维的英文版原著翻译成印尼语版本的呢？

有一个非常重要的媒介发挥了"中间人"的作用，即来自南亚的艾哈迈迪耶（Ahmadiyyah）派穆斯林。这个派别在印尼社会极具争议，因为在伊斯兰教中，穆罕默德被尊为先知和安拉的使者，穆罕默德的言行录——圣训，是所有伊斯兰教徒的信仰、行教、立法和社会生活的准则。而艾哈迈迪耶派成员不仅崇拜穆罕默德，还崇拜艾哈迈迪耶派的创始人米尔扎·古拉姆·艾哈迈德（Mirza Ghulam Ahmad）。他是 19 世纪活跃于南亚地区的伊斯兰教领袖，被奉为穆罕默德之后的又一位先知。对于印尼主流穆斯林社会而言，信奉一位新的先知背离了伊斯兰教义，是离经叛道的。因此，艾哈迈迪耶派在印尼社会中一直备受争议。

艾哈迈迪耶派十分注重传教工作，曾经向多个国家和地区积极派遣传教士，其中包括英帝国统治的南亚、非洲东海岸、马来亚等地区。除此之外，艾哈迈迪耶派的影响还拓展到了土耳其、海岛东南亚、泰国南部等地。

在 20 世纪 20 年代，艾哈迈迪耶派开始从南亚向印尼群岛派遣传教士，最早展开传教工作的便是爪哇文化中心、伊联势力影响较大的日惹。佐克罗阿米诺托与这些来到印尼的传教士进行了密切的交流，定期与传教士会面学习语言或者讨论宗教问题，这些传教士中也有佐克罗阿米诺托的英语老师。佐克罗阿米诺托正是通过艾哈迈迪耶派传教士提供的资料才接触到基德维的著作《伊斯兰与社会主义》，而基德维在 19 世纪末、20 世纪初也与艾哈迈迪耶派在英国有过短暂的接触。

图 3.4　印尼伊斯兰联盟党（PSII）1953 年
全国大会海报。凯文·福格供图

　　相关学者通过佐克罗阿米诺托的儿子哈索诺·佐
克罗阿米诺托（Harsono Tjokroaminoto）的口述史推测，
基德维的著作是佐克罗阿米诺托学习英语时练习翻译
的文本。哈索诺是印尼社会中的一个非常重要的政治
人物，他在 20 世纪 50 年代末加入印尼伊斯兰联盟党
（PSII），并扛起了伊斯兰团体参政的大旗。哈索诺的口
述史记述了其父与艾哈迈迪耶派成员一起读书的场景。

而哈索诺本人也曾经被父亲送到南亚艾哈迈迪耶派聚居区学习伊斯兰教知识。

有趣的是，艾哈迈迪耶派的教义肯定并创造性地借鉴了英国维多利亚时代以来对现代性尤其是理性主义的追求。自此，伊斯兰教从原先仅作为一种"启示"的宗教发展成了一个严肃对待理性主义的宗教。这种对伊斯兰教的解读与欧洲现代科学、法制进步和城市化进程进行了系统性融合，对于伊斯兰教的现代化发展具有深远意义。而当时的印尼知识界正在试图出版能够有效调和高等教育所强调的理性主义和传统伊斯兰教关系的书籍，因此，艾哈迈迪耶派的宗教理念对印尼知识界产生了重要影响，其价值也得到显著体现。佐克罗阿米诺托也在艾哈迈迪耶派思想的基础上开展了许多工作，试图将伊斯兰教与现代性进行融合。[1]

印尼语《伊斯兰和社会主义》首次出版于 1923 年前后，于动乱的 20 世纪三四十年代再版。印尼独立后，此书在 20 世纪 50 年代被重印三次，随后却因为苏

---

[1]　Kevin W Fogg，"Indonesian Islamic Socialism and Its South Asian Roots"，*Modern Asian Studies* 53, no. 6 (2019): 1749–50.

哈托政权对印尼左翼的打击于六七十年代渐渐淡出了人们的视野。到了八九十年代，尤其是1998年苏哈托政权倒台后，《伊斯兰和社会主义》又被大规模再版。2016年，德国出版商希望出版一本东南亚主要本土思想家的文选，询问印尼学者的哪些书籍可以被视为印尼现代思想精髓，有翻译出版的价值？日惹国立大学的一名教授推荐了佐克罗阿米诺托的这本《伊斯兰和社会主义》，认为这本书展现了印尼思想的创造力。而我们已经知道，这本书本身就是从基德维的英文版翻译成印尼文版本的，德国出版商将其从印尼文重新翻译成英文出版的做法颇具讽刺意味。

伊斯兰社会主义对印尼政治的影响

佐克罗阿米诺托对基德维版《伊斯兰和社会主义》在印尼的传播起到了推动作用，而这一文本的转译对印尼社会尤其是印尼早期民族主义者也产生了巨大的影响。

被誉为印尼共和国之父的苏加诺与佐克罗阿米诺托有着十分紧密的私人关系，苏加诺的思想也深受佐克罗阿米诺托的影响，佐克罗阿米诺托认为社会主义和伊斯兰教是兼容的，而苏加诺则致力于在宗教、社会主义和民族国家之间做调和。不仅如此，印尼的伊斯兰教政党马斯友美党[1]（1950年代印尼最大的伊斯兰政党）的领导人深受伊斯兰社会主义学说的影响。可见，这本书对当时印尼的社会主义者而言具有重要的启示价值。[2]

但与此同时，基德维和佐克罗阿米诺托的作品也反映出二人对于马克思主义的认知存在明显分歧。印尼共的领导人曾经在20世纪20年代拜访过佐克罗阿米诺托，与他有过短暂接触，但是印尼共产党所坚持的则是更为正统的马克思主义路线，所以伊斯兰社会主义对它的影响并不是非常突出。但印尼共领导人也经常会引用一些佐克罗阿米诺托著作中的内容来说明马克思主义、社会主义和伊斯兰教是兼容而非相互冲突的。

印尼国父、首任总统苏加诺是佐克罗阿米诺托的

---

[1]　马斯友美党：全称印度尼西亚伊斯兰教联合会（印尼语：Partai Majelis Syuro Muslimin Indonesia），是印度尼西亚"议会制民主时期"（1950—1957年）当地一个主要的伊斯兰政党，在1960年因为支持印尼共和国革命政府起事而被印尼总统苏加诺取缔。

[2]　Kevin W Fogg, "Indonesian Islamic Socialism and Its South Asian Roots", *Modern Asian Studies* 53, no. 6 (2019): 1760.

得意门生，其第一任妻子就是佐克罗阿米诺托的女儿。苏加诺一直在试图寻找伊斯兰教与社会主义之间的纽带。这种关于国家意识形态的讨论在印尼建国初期的 20 世纪 50 年代尤为激烈，伊斯兰教、社会主义、民族主义如何在印尼共存是苏加诺亟需思考和解决的问题。苏加诺对伊斯兰教与社会主义两种思想的调和是其伊斯兰社会主义思想的核心，主要体现在其所提出的纳沙贡[1] 思想中。纳沙贡思想的最早来源是苏加诺于 1926 年在《青年印度尼西亚》(Suluh Indonesia Muda) 杂志上发表的著名文章《民族主义、伊斯兰教、马克思主义》(Nationalism, Islam and Marxism)。印度尼西亚独立后，他作为总统又发展了这一思想。在《民族主义、伊斯兰教、马克思主义》一文中，苏加诺调和伊斯兰教与社会主义，力图使二者结合，共同为印度尼西亚的民族解放事业服务。对伊斯兰教而言，荷兰殖民者及其大力扶持的基督教势力被视为异教徒，而当时的荷属东印度穆斯林普遍认为驱逐异教徒是自己的义务；对社会主义而言，荷兰的帝国主义、殖民主义行径及其在印度尼西亚所发展的各种资本主义制度都是批判和反对的对象。

---

[1] 纳沙贡（NASAKOM）：由民族主义者（Nasionalis）、宗教徒（Agama）、共产主义者（Komunis）构成。

于是，二者拥有了调和与合作的深厚基础。[1]

20 世纪五六十年代，社会主义在世界范围内的影响与日俱增，而印尼的社会主义思潮也处于极为活跃的时期。苏联和中国的社会主义建设使包括伊斯兰宗教界人士在内的广大印尼民众注意到社会主义制度的巨大吸引力。印尼马斯友美党依靠伊斯兰教士联合会和穆罕马迪亚[2]等伊斯兰组织的群众基础，在成立后不久便成为印尼规模最大的政党之一。马斯友美党领袖优素福·维比索诺（Jusuf Wibisono）的思想深受佐克罗阿米诺托的影响，认为伊斯兰政党自身必须确定其社会主义立场。维比索诺对伊斯兰社会主义的讨论理论性与系统性兼备，但对马克思主义的理解却存在一定偏差，认为马克思对于宗教的论述不符合印尼的"建国五基"（Pancasila）[3]

---

[1]　详见赵雪峰：《苏加诺的伊斯兰社会主义思想和实践》，《东南亚纵横》2019 年第 5 期，第 21—29 页。

[2]　穆罕马迪亚：印度尼西亚的一个伊斯兰组织，但不同于与其类似的组织伊斯兰教士联合会，它并没有形成一个政党。自成立以来，该组织致力于教育和社会活动。

[3]　1945 年 6 月 1 日，苏加诺在印度尼西亚独立准备调查委员会上发表了著名的《建国五项原则》演讲，主张以民族主义、人道主义、民主主义、社会公正和信仰神道为建国的原则，后被列入印度尼西亚共和国宪法，其提法和顺序有所变动，即"信仰神道、人道主义、民族主义、民主主义、社会公正"。

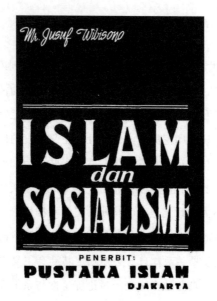

图 3.5　优素福·维比索诺（Jusuf Wibisono）：
《伊斯兰与社会主义》。凯文·福格供图

中的第一条"信仰神道"。基于这个原因，许多印尼政党始终对坚持马克思主义道路的印尼共产党心怀芥蒂。

　　印尼伊斯兰社会主义的特点主要包括对弱势群体的保护、对资本主义的限制、对私有财产的保护，以及政府为实现社会的共同目标而制定与伊斯兰教义相符的指导政策。伊斯兰社会主义强调保障穷人的基本生存需求，在保护私产的同时希望政府可以对石油、矿产等特殊行业进行国有化改造，在政府监管过程中伊斯兰教应当为政策的制定提供指引。

事实上，进一步发展伊斯兰社会主义学说的知识分子们往往在殖民时期的荷兰学校接受教育，大多没有伊斯兰宗教学校的教育背景，所以并不是传统意义上的伊斯兰学者（Ulama）。在一定程度上，伊斯兰社会主义的支持者们与传统伊斯兰学者的观点相悖，前者还常常抨击后者对信徒的压迫。尽管伊斯兰社会主义在 20 世纪 60 年代中期以后渐渐淡出了印尼的政治舞台，其支持者对伊斯兰教义的创造性解读为后殖民时代印尼社会的宗教与政治生活注入了不容小觑的动能。

中心—边缘：理解形塑季风亚洲的社会张力

"大印度"实验：印度教徒民族特性
和印度东北地区 [1]

主讲人 / 阿孔通·隆库梅尔（Arkotong Longkumer）

整理 / 熊艺

《"大印度"实验：印度教徒民族特性和印度东北
地区》（ *The Greater India Experiment: Hindutva and the*

---

[1] 本文整理自学术讲座"'大印度'实验：印度教徒民族特性和
印度东北地区"。主讲人阿孔通·隆库梅尔为英国爱丁堡大学
现代亚洲项目高级讲师、印度那加兰邦柯希马研究所（Kohima
Institute, Nagaland）高级研究员。他出生于印度东北地区那加兰邦
的首府柯希马。攻读博士期间，他在阿萨姆的部落地区展开了人
类学的田野调查工作，对当地的哈拉卡运动（Heraka Movement,
20世纪一场兴起于印度东北部的教派运动）进行了深入的研
究，并以此为基础发表了代表作《土著宗教：本土地界，全球网
络》（ *Indigenous Religion(s): Local Grounds, Global Networks* ）和
相关论文。在印度东北地区开展田野调查的过程中，（转下页）

Northeast）是隆库梅尔博士的新作，由斯坦福大学出版社在 2021 年出版。这部著作基于隆库梅尔博士在印度东北地区的阿萨姆邦、梅加拉亚邦、那加兰邦、特里普拉邦和"阿鲁纳恰尔邦"[1] 等地的田野研究写成。隆库梅尔博士发现，以往基于"印度本部"[2] 的研究得出的对国民志愿服务团及团家族（Sangh Parivar）的刻板印象并不适用于活跃在印度东北地区的基层组织和工作人员。团家族在印度东北地区的创新性实践甚至在一定程度上赋予了"印度教徒民族特性"（Hindutva）这一概念以新的意涵。

（接上页）隆库梅尔接触了许多活跃在当地的印度国民志愿服团（Rashtriya Swayamsevak Sangh, RSS）及其外围组织世界印度教大会（Vishva Hindu Parishad, VHP）、表列部落发展协会（Janajati Vikas Samiti, JVS）等众多印度教右翼组织的基层工作者，观察到他们在族群、文化背景与印度其他地区迥异的东北地区开展工作时所作的各类创新性尝试，率先引发了学术界对这一现象的关注。

[1] 印度所谓"阿鲁纳恰尔邦"的绝大部分地域是被印度非法侵占的中印传统习惯线以北和非法的"麦克马洪线"以南的传统上隶属于中国西藏地方管辖的中国领土。

[2] 有关"印度本部"与印度东北地区的差异及其对印度国族整合造成的挑战可参见吴晓黎《国族整合的未竟之旅：从印度东北部到印度本部》，《中央民族大学学报（哲学社会科学版）》2015 年第 4 期，第 9—17 页。

印度教右翼主张建立一个符合"印度教徒民族特性"标准的"印度教徒民族"（Hindu jati），进而将印度建成一个"印度教徒民族国家"（Hindu Rashtra）。这种思想的源头可以追溯到萨瓦卡尔（Vinayak Damodar Savarkar，1833—1966），他在代表作《印度教徒民族特性：谁是印度教徒？》（*Hindutva: Who is a Hindu?*）一书中系统阐述了印度教徒民族特性，并引入了判断一个人是否为"印度教徒民族"的一员的标准——一个人的宗教"圣地"（punyabhumi）是否与其"祖地"（pitrabhumi）重合。根据这一标准，基督教徒、穆斯林、犹太教徒等宗教人群因为圣地不在印度，因而不属于印度教徒民族。由此，萨瓦卡尔将宗教信徒与国家公民的身份合二为一，形成了一个"宗教民族"概念。但是，萨瓦卡尔并没有触及遥远的东北地区。在他之后，国民志愿服务团领导人戈尔瓦尔卡（Madhav Sadashiv Golwalkar，1906—1973）对印度教徒民族特性的进一步阐释更具哲理性。戈尔瓦卡尔在《思想集成》（*Bunch of Thoughts*）中用树木的意象来解释印度教徒民族认同，他将树木用作空间的隐喻，以主张印度存在的语言和习俗等差异并未破坏印度教徒的统一生活方式，这些差异都属于同一棵树木的组成部分。在印度教社会中，树木崇拜源远流长，团家族认为树木以土地、文化、身份与人类为根

图 4.1　印度教右翼思想的奠基人萨瓦卡尔（左）和戈尔瓦尔卡（右），出自《伊斯兰与社会主义》。阿孔通·隆库梅尔供图

基。树木也因此象征着生命、力量、稳定与活力，能够联系过去与未来。在东北地区部落民的泛灵论信仰中，树木这一自然物象亦受到敬奉。树木崇拜这一跨越信仰边界的共性便被印度教右翼用来弥合"印度本部"的印度教徒与东北地区部落民的矛盾与分歧。

事实上，印度教右翼在印度东北地区推广印度教徒民族特性远非一日之功。我们可以将团家族在印度东北地区这一敏感的边缘地带推广他们意识形态的过程称为"印度教徒民族特性化"（Hindutva becoming），这也是一场致力于实现"大印度"想象的实验。当今印度的行政区划之下，东北地区在地理位置上远离印度本部，与印度本部的联系只能经由狭窄的西里古里走廊（Siliguri corridor）。印度东北地区山脉连绵、森林密布，民族与族群众多。受英国殖民传统的影响，东北地区现有大量基督徒，尤其是在那加兰邦、米佐拉姆邦、梅加拉亚邦，基督徒人口占当地总人口一半以上。在印度独立后，东北地区的独立诉求与武装运动为印度政府的国族整合造成了挑战与困难。因此，在东北地区这一远离印度本部和印度教中心的边缘地带，推广以"印度、印地语、印度斯坦"（Hindi-Hindu-Hindustan）[1]为标志的单一的身份认同，无疑具有相当的难度；印度教徒民族特性化的过程也伴随着团家族基层工作人员的调试与创造，这挑战了我们对传统印度教徒民族特性的认知。

印度教右翼在印度东北部实施的"大印度"实验主要包含以下三个层面：

---

[1] 这一口号是 19 世纪由帕勒登杜·赫里谢金德尔（Bharatendu Harishchandra, 1850—1885）提出的，被后来的印度教民族主义者代代传诵。帕勒登杜是 19 世纪印度著名诗人、剧作家，被称为"现代印地语文学之父"。

其一是在空间上重构东北地区，使之成为"大印度"的组成部分。在"大印度"这一地理和文化的想象中，以史诗和往世书为参照，印度文明繁荣昌盛，其影响范围之广袤，不仅涵盖了印度的现代民族国家版图，还将西起阿富汗、巴基斯坦，北抵蒙古国，东及中南半岛各国，南至斯里兰卡的广袤领土都囊括其中。因此，在"大印度"的版图之中，东北地区从边缘变成了中心。

2018 年，古吉拉特邦的小村庄马德夫布尔（Madhavpur）举办了庆祝婆罗门教三大神之一毗湿奴的化身黑天（Krishna）与艳光公主（Rukmini）婚姻的宗教庆典，来自印度各地的数千人参加了这场持续四天的庆典，包括东北地区的歌舞团，他们代表新娘一方。古吉拉特邦、曼尼普尔邦和"阿鲁纳恰尔邦"的首席部长齐聚一堂，印度总理莫迪也在推特上表示了对庆典的祝贺。马德夫布尔的庆典是在空间上重构东北地区的典型案例，在庆典的叙事中，黑天从位于次大陆西海岸的古吉拉特邦出发，一路经过北方各邦，到达东北，把"阿鲁纳恰尔邦"一个部落的艳光公主带回古吉拉特邦，并与她成婚。距离遥远的印度西北部和东北部由此发生了人为的亲缘联系，东北地区作为黑天配偶的娘家，自

图 4.2 由东北地区演员扮演的黑天和艳光公主。阿孔通·隆库梅尔供图

然被纳入"大印度"的想象之中。虽然有人从考古学和民间传说等角度对马德夫庆典的传说的真实性质疑,黑天将艳光公主带回古吉拉特的故事也暗含印度本部与东北地区之间权力不对等的意味,但实际上,庆典已使很多人相信艳光公主来自东北地区,东北地区的一些民众为此感到自豪;质疑者在表达反对的同时,可能不由自主地陷入了印度本部和东北地区的关系中。

其二是将东北地区的基督教"国族化"(Nationalizing Christianity)。在印度东北地区的总人口中,印度教影响有限,基督徒所比重较大。根据 2011 年印度人口普查,那加兰邦和米佐拉姆邦的基督徒人口占本邦总人口的 87% 以上。萨瓦卡尔曾在《印度教徒民族特性》一书中明确指出,基督徒和穆斯林因为所信奉的宗教的圣地(punyabhumi)不在印度,故并不符合"圣地与祖地重合"的"印度教徒民族成员"认定标准。他们如果不放弃自己的信仰,即使满怀爱国之情,认同印度教徒的文化,也不能完全算作印度教徒。因此,基督徒和穆斯林不应被视为印度教徒民族国家的成员。然而,在东北部,激进的、以那加(Naga)基督徒为主的那加民族独立组织本就谋求独立建国,"那加民族委员会"(Naga National Council,NNC)和"那加民族社会主义委员会"（National Socialist Council of Nagaland，NSCN）领导的分离主义武装运动给印度中央政府的国族整合带来困境。这也就意味着如果右翼基层工作者继续教条地执行萨瓦卡尔的主张，便会在东北地区陷入被动——不仅无法有效地开展基层工作，反而会助推那加民族分离主义。于是，印度教右翼的基层工作者不仅不再重提将基督徒从印度驱逐出去的主张，转而尝试将基督教也纳入国族叙事中，亦即将基督教的私人活动和公共活动相分离、将教会与国家相分离。

根据在印度东北地区工作的印度教右翼的逻辑，基督教与西方的联系意味着本土文化的丧失，如果人们的信仰从基督教恢复为土著宗教，那么推广印度教徒民族特性的可行性将更强。团家族对哈拉卡运动领导人盖丁留女王（Rani Gaidinliu，1915—1993）推崇备至，将她打造为印度部落的代表和民族的圣象（icon）。盖丁留女王来自印度东北地区的部落，她的活动体现了反基督教、反殖民主义和复兴部落传统的立场。盖丁留女王的政治诉求不如那加民族委员会主张的分离主义那样激进，她在东北地区充满争议，但团家族认为她的身份可以被吸纳至印度教徒民族特性，于是积极地与她接洽联系，并将她塑造为印度民族的女神。当然，东北地区庞大的基督徒数量已成定局，于是以表列部落发展协会为代表的印度教右翼组织作出妥协：人们也可以信仰基督教，但在文化上和政治上必须秉持爱国精神。印度教右翼试图将印度东北地区民众信仰的基督教限制为一种纯粹的宗教信仰或精神状态，规避或减少其在现实政治中的影响。此外，印度教右翼也尝试将这套"国族化"方案运用于"印度本部"的穆斯林群体。[1]

其三体现在选举政治上。同属团家族的印度人民党（Bharatiya Janata Party, BJP）以往在东北地区根基薄弱，但近年却逐步站稳脚跟，并开始挑战当地其他政党的地位。例如在特里普拉邦，印度共产党（马克思主义）（CPI(M)）连续执政 25 年，却在 2018 年的选举中被印度人民党击败。目前，在特里普拉邦、阿萨姆邦、曼尼普尔邦和"阿鲁纳恰尔邦"，印度人民党已取得执政党地位；在梅加拉亚邦和那加兰邦，印度人民党与地方政党联合执政。印度人民党的胜选策略在于它传达

---

[1]　例如成立于 2002 年的伊斯兰组织穆斯林国民阵线（Muslim Rashtriya Manch, MRM）便是隶属于国民志愿服务团的伊斯兰组织，体现了印度教民族主义对穆斯林群体的系统整合。

了与国大党、印度共产党不同的"民主的地方语言化"（vernacularization of democracy）[1] 理念，并与很多地方政党达成了同盟与合作。

　　印度人民党在东北选区致力于突出其国家政党的身份。选举前夕，印度人民党就积极利用媒体造势，以增强全国上下对东北地区选举的关注。社交媒体和数据分析是印度人民党评估潜在票仓的手段，这使之在宏观层面对选民的倾向有较好的掌握。在选举期间，东北地区的印度人民党基层工作者更注重回应医疗、教育、就业等现实关切，在微观层面积累了选票。印度人民党在东北地区政坛站稳脚跟后，2019 年印度人民院通过的《公民法》修正案使大量孟加拉国移民获得公民权，印度人民党由此可以赢得孟加拉人的选票。东北地区的土著族群因为土地和政治权利受损而表示反对，但大选已经结束，修正案并不足以撼动印度人民党在东北地区的

---

[1] 　"民主的地方语言化"这一概念是人类学家米露西娅·凯卢蒂（Lucia Michelutti）考察北印度亚达夫（Yadav）种姓参政时提出的概念，指民主的观念与实践嵌入了特定的文化与社会实践，且这一过程能够为大众所接受。印度人民党在特里普拉邦选举中取得的胜利，与它得到当地政党的认同与支持密不可分。它将自身的形象塑造成一个国家的政党而非宗教或教派的政党，同时又为部落民留出了一定的政治空间。

政治地位。

不同于在印度教和印地语盛行的地区，团家族在东北地区势单力薄，面临敌意，他们对东北地区的渗透往往不是通过强势和暴力的方式，而是积极进行调整和创造。与团家族基层工作者进行对话，则可以发现他们往往对"大印度"的愿景抱有坚定的信念，也愿意结合东北地区具体情况对印度教徒民族特性作出修订和新的阐释。印度教右翼在东北地区的"大印度"实验是一波持续的浪潮，使我们对印度教民族主义产生了新的认识和理解。

5

边缘化与偏见之间：
印度穆斯林的困境 [1]

主讲人 / 麦杜尔·伊斯拉姆（Maidul Islam）

整理 / 詹丹妮

1991 年 6 月，纳拉辛哈·拉奥（Narasimha Rao）被任命为印度总理，而此时的印度正处于内外交困的局面。在国内，印度面临着自独立以来最严重的财政危机

---

[1]　本文为印度加尔各答社会科学研究中心政治学助理教授麦杜尔·伊斯拉姆的讲座总结，主题为"边缘化与偏见之间：印度穆斯林的困境"（Between Marginalisation and Prejudice: Miseries of Indian Muslims）。伊斯拉姆教授毕业于牛津大学政治学系，曾任教于加尔各答管区大学和塔塔社会科学研究所。其研究兴趣为政治理论、南亚政治与电影，在印度宗教与政治领域出版多部专著，本次讲座基于伊斯拉姆教授的著作《自由化后的印度穆斯林》（*Indian Muslim(s) After Liberalization*）展开。

和货币危机，长期实行的工业化、混合型经济模式接近崩溃。外交方面，长久以来与印度紧密联系的苏联已然解体，国际局势日益严峻。面对种种危急局势，拉奥政府提出了经济改革方案，转变以往的混合型经济模式，建立自由化的市场体系，由此，印度正式向私有化敞开了大门。尽管自由化带来了经济繁荣的希望，但三十年后，许多人，尤其是印度的穆斯林感到他们被这个新时代的经济变革背叛了。在历史上，印度穆斯林一直未能分享经济发展的成果，而这次经济改革亦未能充分帮助其发展。相比起备受关注的印穆矛盾，印度穆斯林的社会经济状况常常被忽略。实际上，印度穆斯林在社会经济和教育层面都属于"边缘群体"，这背后隐含着深刻复杂的政治因素和经济因素。作为落后阶层的穆斯林常常面临各方面的不平等和偏见，这当中既包括政府机关人员、其他族群甚至穆斯林内部的歧视和压迫，也包含各种叙事话语中对穆斯林的污名化。在印度教民族主义者号召建立"印度教徒的印度"的大背景下，可以想见，穆斯林的困境将在短期内难以得到改善。

印度穆斯林：宗教少数群体还是
社会经济贫困群体？

在印度，穆斯林通常不被认为是一个贫困的群体。相反，穆斯林问题更多地被表述为身份问题、少数群体的文化权利以及世俗主义和社群主义问题。社群主义问题并非不重要。事实上，从 20 世纪 90 年代初开始，借用阿马蒂亚·森（Amartya Sen）的话来说，印度民主受到了"社群法西斯主义"（communal fascism）[1] 的威胁。今天的印度正在经历一场世俗主义危机。

但是，我们也不能忽视印度穆斯林在社会经济方面的落后局面。《萨查尔委员会报告》（Sachar Committee Report）[2] 指出，印度穆斯林在教育、收入和就业方面比其他宗教社群以及表列种姓（scheduled

---

[1] 阿马蒂亚·森所说的"社群法西斯主义"是指印度教极端主义煽动群众的狂热情绪来进行大规模动员，对特定群体使用违反宪法的高压手段，通过暴力和威胁来实现宗派目标。参见 Amartya Sen,"The Threats to Secular India", *Social Scientist*, 21(1993): pp. 5-23。

[2] 《萨查尔委员会报告》：由 2005 年组建的萨查尔委员会提交的有关穆斯林社群的社会、经济和教育状况的报告。

castes）[1] 和表列部落（scheduled tribes）[2] 更加落后。此前的许多研究也表明，印度穆斯林在经济自由化之前就已经是一个社会经济和教育上的"落后群体"。自由化并没有从根本上改变印度穆斯林的整体社会经济和教育状况。首先，从收入分配问题上看，根据相关报告，84.5% 的印度穆斯林家庭的支出仅约 20 卢比 / 天，约 609 卢比 / 月，属于印度人口中极度贫困、边缘化和弱势的群体；13.3% 的印度穆斯林家庭属于中等收入群体；只有 2.2% 的印度穆斯林属于高收入人群。因此，很难认为印度穆斯林是一个经济多元化的群体。上述报告还表明，穆斯林、表列种姓和表列部落民众的就业高度集中于非正式部门。2001 年和 2011 年的人口普查报告与印度全国抽样调查办公室（National Sample Survey Office）第 71 轮调查的报告显示，印度穆斯林在社会经济的许多方面都处于落后地位，特别是在识字率和受教育的平均年限方面。印度穆斯林落后的社会经济背景使

---

[1] 表列种姓也称达利特（Dalit）、贱民、受压迫种姓等。印度宪法为向受压迫种姓的人们提供特殊政策而制作专门列表，称作"表列种姓"。

[2] 表列部落也称阿迪瓦西（Adivasi）、部落民等。印度宪法为向处于印度教主流社会之外的部落民提供特殊政策而制作专门列表，称作"表列部落"。

他们无法享受个人权利和福利。受教育程度低下则阻碍他们向上的社会流动，使他们无法从国家获得某些特定的基本福利。这种双重障碍加上社群主义，更使印度穆斯林的境况雪上加霜。

尽管印度国内的穆斯林在语言、地域、文化和种姓等方面各不相同，但从社会经济概况（即多数主要集中于非正规部门）、教育落后和对伊斯兰教的共同信仰等方面来看，内部具有很强的同质性。随着自由化改革的推进，一旦零售业的外国直接投资大幅度增加，将进一步危及小商贩、小店主、小生产者、烟草行业临时工、裁缝、运输工人和工匠等职业的生计前景，而这些正是穆斯林主要从事的职业。那么，为什么印度穆斯林的贫困在自由化时代仍在继续？为什么穆斯林没能像表列种姓和表列部落那样在国家的政治话语中被视为一个贫困和边缘化的群体？

印度穆斯林沦为社会落后群体的经济根源

在自由化的时代，印度穆斯林和表列种姓、表列部落一样未能掌控主要生产资料，这使得印度穆斯林沦为社会落后群体。首先，在印度资本主义精英中，穆斯林的代表性严重不足。而且，这些屈指可数的穆斯林大资本家，如 M.A. 优素福·阿里（M. A. Yusuff Ali）[1] 等人也未能从印度的新自由主义政策中直接获益，因为他们的财富大多来自印度以外的地区。相关调查显示，在印度，高收入的穆斯林精英人口占比仅略高于 2%。纵观不同年份的印度福布斯排行榜，穆斯林仅占印度前 100 名富人的 4% 至 5%。位列 2016 年福布斯榜单的五名穆斯林富豪中，有三名富豪的业务主要在海湾地区。同样，位列 2017 年福布斯排行榜的四位穆斯林富豪中，有一半在印度以外的地方发家致富。尽管出现了一些包括沙赫纳兹·侯赛因（Shahnaz Husain）[2] 等穆斯林女性在内的新企业家，而且穆斯林领导着一些最成功、最有活力的信息技术公司如著名穆斯林企业家阿齐姆·普莱姆基（Azim Premji）创立的印度第三大软件出口商威普罗（Wipro）公司，但这些仍被认为是少数例

---

[1] M.A. 优素福·阿里（1955—）：亿万富翁，总部位于阿联酋的露露国际集团（LuLu Group International）的董事长兼总经理，该集团拥有露露全球连锁超市和露露国际购物中心等产业。

[2] 沙赫纳兹·侯赛因（1971—）：印度最早的穆斯林女企业家之一，印度护肤品牌沙赫纳兹·侯赛因集团的创始人。

外。实际上，在新自由主义经济改革时期蓬勃发展起来
的软件业中，穆斯林的代表性也严重不足。一项调查发
现，企业高管中穆斯林占比仅略高于1%。而且在过去
25年的经济改革期间，这种情况也没有大幅度改变。
纸质媒体和电子媒体中也缺乏表列种姓、表列部落和穆
斯林等少数群体。也就是说，穆斯林不仅未能在印度统
治集团的资产阶级精英中占据重要地位，相反，鉴于前
文所述的印度穆斯林落后的社会经济地位，他们甚至都
谈不上是中产阶级精英的重要组成部分。

　　另外，印度穆斯林中也鲜有大地主。印巴分治导
致穆斯林精英迁往巴基斯坦，而大多数贫穷的穆斯林留
在了印度。目前印度超过60%的穆斯林仍然生活在农
村地区。相较于印度教徒、基督徒等其他社群，穆斯林
失地比例最高。这种情况在过去二十年里仍在持续。
1987—1988年印度全国抽样调查办公室第43轮调查显
示，40%的农村穆斯林家庭少有或没有耕地，而印度
教徒的这一数字仅为34%。到1999—2000年第55轮
调查则显示，51%的农村穆斯林家庭少有或没有耕地，
而印度教徒的这一数字仅为40%。只有极少数受过教育
的穆斯林精英（比如海得拉巴、迈索尔和北方邦的少数
人）能够继续占有土地。然而，新自由主义改革后，相

图 5.1　印度穆斯林企业家阿齐姆·普莱姆基及其创立的 IT 企业威普罗
来源：http://www.businessworld.in/article/Wipro-Launches-Silicon-Valley-
Innovation-Centre-In-Mountain-View/02-08-2017-123371/

比于地主精英，工业资产阶级在制定主要政策方面更具
影响力。

　　需要指出的一点是，在南印度，穆斯林的社会经
济状况相对好于北印度的穆斯林，原因有三。首先，印
巴分治和穆斯林精英逃往巴基斯坦对南印度的穆斯林影
响有限。其次，从殖民时期开始，南印度的大部分穆斯

林就被列入"其他落后阶层"（Other Backward Class，简称 OBC）[1]。在后殖民时代，他们受益于教育和工作方面的保留席位政策。最后，20 世纪 70 年代的中东石油产业繁荣也有利于南印度穆斯林移民到中东国家寻找更好的工作机会。最后，部分知名商人从海湾国家赚取了一定数量的财富，他们将这些资金用于建立教育机构，并为穆斯林社区的大学和医疗设施提供资金。

导致印度穆斯林困境的政治因素

实际上，在政治领域，穆斯林也是一个被边缘化的社群。穆斯林政治精英很少，因此穆斯林没有在国家主流政治中发挥领导作用，在中央和各邦的立法机构中的代表性也严重不足。在 2014 年的人民院选举中，穆斯林议员人数跌至历史新低，只有 22 名穆斯林议员当选，仅占总数的 4.05%。即使在那些穆斯林人口远高于全国平均水平的邦，邦议会中的穆斯林议员人数也很少。印度穆斯林投票给各种各样的政党，甚至包括印

---

[1] "其他落后阶层"指在社会和教育方面处于落后地位的阶层，印度政府在就业和教育领域为该阶层设置了保留席位。

度人民党。实际上，大多数穆斯林选择投票给世俗政党。因为他们认为穆斯林政党相对较为保守和狭隘。他们也担心穆斯林政党执政可能会引发印度教徒更为激烈的反对。实际上，穆斯林政党的问题在于缺乏进步的领导人。他们在很大程度上对穆斯林个人法持保守的观点，反对改革，同时遵循严重的家长制传统，不承认穆斯林妇女在离婚、财产继承等方面具有平等权利。因此大多数穆斯林并不支持他们，将选票投给其他党派。

右翼政党印度人民党执政之后推行"多数主义"政策，在政治领域进一步边缘化穆斯林。印度教民族主义者不仅出于某种偏见，更基于政治目的而传播一些伊斯兰恐惧症式的谣言。比如很多人认为穆斯林男子都会娶四个妻子，生很多孩子。所以现在政府提出了人口控制法案，该法案主要针对那些有两个以上孩子的家庭。这是因为印度教民族主义者担心穆斯林的数量将超过他们。然而实际上，印度已经开始进入低出生率低死亡率的人口模式，穆斯林的生育率正在下降，尤其是社会经济条件更好的南印度穆斯林。但无论如何，到2050年，印度的穆斯林人数将不超过全国总人口的17%。因此上述说法只是为了污名化穆斯林。

从 20 世纪 20—30 年代开始，印度教徒便担心穆斯林人口会超过他们。而在过去的几十年里，印度教右翼势力复制了这些殖民时期的传言。另外，从 2014 年起，印度人民党的意识形态导师国民志愿服务团（Rashtriya Swayamsevak Sangh）发动"多数主义"的民族主义运动，推动实施《公民身份法修正案》（Citizenship Amendment Act，CAA）和"国家公民登记册"计划（National Register of Citizens，NRC），以此来威胁恐吓印度宗教少数群体。还有一些民众以反对"爱情圣战"（Love jihad）为由阻止跨社群婚姻。此外，由印度人民党执政的几个邦已经出台"屠牛禁令"，禁止屠宰牛和牛肉交易。在当代多数主义政权下，这些举措成为公共领域的重要组成部分。

印度穆斯林面临的多方面的偏见及歧视

由于在政治、经济上的弱势地位，印度穆斯林总体处于社会经济的落后阶层，并受到多方面的歧视和偏见。根据萨查尔委员会和其他学术机构发表的研究报告，印度穆斯林面临着教育落后、居住地区卫生基础设施薄弱、收入低微、资产匮乏以及青年群体缺乏信贷机会等各种问题。同时他们还遭受了多方面的歧视。在孟买，大约有 70% 的在公共部门工作的穆斯林感到受到歧视，大约有 18% 的在私营部门工作的穆斯林感到受到歧视。一些银行还一再拒绝向穆斯林家庭提供贷款。另外，由于穆斯林群体担心遭受社群暴力，因此他们更倾向于搬离非穆斯林社区，由此出现了一种典型的自我隔离现象。由于一些房主拒绝向穆斯林出售或出租房屋，穆斯林正越来越多地从相对多元的住宅区退缩到穆斯林占主导地位的社区。同时，不断上涨的房价导致穆斯林小家庭很难拥有各自单独的住宅，因此，他们不得不以大家庭的形式共同居住在拥挤的房屋中。此外，由于结构性的不平等和制度化的歧视，穆斯林妇女在社会经济方面比穆斯林男子更加贫困。

警察和媒体对穆斯林的偏见依旧严重，他们怀疑这一宗教少数群体是潜在的恐怖分子。监狱中的穆斯林比例过高，这表明印度的刑事司法系统与印度穆斯林面临的歧视和边缘化之间存在明显联系。导致在押的穆斯林人数过多有两个原因：第一，国家在通过刑事程序进行审判时可能对穆斯林少数群体有偏见；第二，由于社会经济发展水平低，穆斯林社群的犯罪率可能相对较高。

尽管印度穆斯林从事的职业不尽相同，但绝大多数穆斯林都很贫穷且饱受歧视和偏见。而且，印度穆斯林内部的种姓分化也加剧了不平等的现象。印度穆斯林种姓依出身尊卑划分为阿什拉夫（Ashrāf）、阿吉拉夫（Ajrāf）和阿贾尔（Arzal）。阿什拉夫是高贵的种姓，主要由外来穆斯林和少数印度本土封建贵族改宗者构成；阿吉拉夫被认为是较为低劣的种族，包含在印度北部的各阶层改宗者，以及诸如织工、裁缝等各种职业群体；而阿贾尔则是穆斯林中的不可接触者，他们多从事仆役、最不洁净的职业，生活十分困苦。[1] 当然，也有少数例外，如穆斯林电影明星和体育明星，例如曾出演《三傻大闹宝莱坞》《摔跤吧！爸爸》等影片的著名穆斯林演员阿米尔·汗（Aamir Khan）。然而，他们更多的是被当作名人来看待，而不是穆斯林。

在后自由化时期，文化领域对印度穆斯林的歧视和偏见则在宝莱坞流行电影中得到显现。宝莱坞影片作

---

[1] 蔡晶：《印度穆斯林种姓摭议》，《世界宗教研究》2012年第3期，第146—153页。

图 5.2　著名穆斯林演员阿米尔·汗（Aamir Khan）

来源：https://en.wikipedia.org/wiki/Aamir_Khan

为一个意识形态国家机器[1]，展现了当代文化再生产场景中印度穆斯林形象建构的本质。事实上，宝莱坞电影并不关注印度穆斯林因社会经济和教育落后而导致的民

---

[1]　宝莱坞：指总部位于印度孟买的电影工业基地，主要拍摄制作印度的印地语（Hindi）电影，也被称作"印地语影院"，受众主要为印地语区民众。此外，印度还有其他影视制作基地，如电影语言是泰米尔语的 Kollywood；电影语言是泰卢固语的 Tollywood。

生问题。相反，印地语电影作为一种流行文化的媒介，不断诋毁、质疑穆斯林。在大多数情况下，穆斯林被塑造成更倾向于与外国势力结盟，更忠于宗教，而不重视爱国主义和国家统一的群体，从而强化了一种带有神话色彩的信仰。宝莱坞电影除了将穆斯林描绘成恐怖分子、恶棍和匪徒之外，还创造了穆斯林角色的刻板形象，其中充满了诸如胡须和帽子等文化符号，或者像纳瓦布（Nawabs）[1]和皇帝等历史人物。这种形象建构对塑造印度穆斯林身份的主导话语具有深远的影响，这种话语不仅在印度人当中传播，还跨越国界扩散至印度人之外的社区，并形成了将穆斯林等同于"反国家的恐怖分子"的政治话语，特别是在20世纪90年代初克什米尔分离主义运动和"9·11"事件之后更为流行。

---

[1] 纳瓦布：印度莫卧儿帝国时代副王和各省总督的称谓。孟加拉国、奥德和阿尔科特等地独立的地方统治者亦使用这一称谓。英国殖民统治时期成为印度一些土著封建王公的称号。

印度穆斯林未来该往何处去？

穆斯林是印度国内重要的宗教少数群体，其人数占全国总人口的 14% 至 15%。因此，印度教徒与穆斯林之间应当有更多的对话与沟通。但实际上，这种情况并没有发生。因为印度人民党秉持"多数主义"的观点，认为他们不需要穆斯林的选票。在印度教民族主义者的政治话语中，"印度"这个国家逐渐被定义为印度教徒的国家，而其他社群被排除在主流社会之外。加上新冠疫情的扩散导致了大量人口失业，继而引发了无业游民和失地农民的愤怒。在印度教民族主义者的操纵下，这种愤怒被转嫁到了穆斯林群体，更进一步激发了不同社群的对立情绪。可以看到，相比起将国家认同建立在对传统文化的认同以及对现代化的共同愿景之上的中国，印度更多的是通过宗教认同来推进民族国家的建设。然而，在这种情况下，不同宗教群体间关系日益紧张，国家整合更为复杂困难。在一定程度上，印度的国家建设已经陷入了困境，而穆斯林群体的困境在未来的一段时间内也难以得到改善。

综上，印度穆斯林的整体边缘化和脆弱性是毋庸置疑的。关于印度穆斯林的现有研究充分表明，穆斯林不仅贫穷，而且被双重边缘化。印度穆斯林的一般是非正式部门的无组织劳工。他们被剥夺了有组织劳工所享有的一些权利。同时，由于缺乏平权行动和明确的穆斯林政策，穆斯林在教育和就业方面被排除在主流之外。可以说，印度的穆斯林问题与表列种姓—表列部落问题、工人阶级问题并不相似。它可以被视为一个阶级问题，但却有其特定的动力机制，在遭受歧视、排斥和作为少数群体的不安全感方面尤其如此。这使得它在边缘化的论述中显得十分独特。

6

不被统治的语言：印尼华人如何挑战殖民政府的政治管控 [1]

主讲人 / 汤姆·豪格弗斯特（Tom Hoogervorst）

整理 / 何俊德

　　自 7 世纪末南中国海至波斯湾的海上航线兴起，中国与东南亚的往来变得更为密切。在之后的十多个世纪内，不断有中国南方居民（以广东、福建地区为

---

[1] 本文为荷兰皇家东南亚与加勒比研究所（KITLV）历史语言学家汤姆·豪格弗斯特讲座总结，主题为"印度尼西亚华人出版业简史（1911—1949）"。豪格弗斯特的研究区域为东南亚，尤其是印尼群岛地区。他的第一本专著《古代印度洋世界中的东南亚》（*Southeast Asia in ancient Indian Ocean World*），探讨了前现代时期东南亚与广阔的环印度洋地区之间的互动；其第二本专著《不被统治的语言：印度尼西亚华人出版业先驱》（*Language Ungoverned: Indonesia's Chinese Print Entrepreneurs, 1911-1949*）梳理了印尼华人出版业者使用马来语的历史，于 2021 年（转下页）

主）迁往东南亚海岛地区，并在当地形成了自己的社群。19 世纪末 20 世纪初，华人在荷兰殖民下的荷属东印度形成了不同群体，主要分为土生华人与新客华人。土生华人（peranakan，马来语原意为"后代"）在印尼马来地区特指华人男性与当地女子通婚生育的后代，又称峇峇娘惹。土生华人在马来亚地区也称海峡华人，也是在荷属东印度群岛较早扎根的移民群体。新客华人（"singkheh"或"sinkeh"）有时也称"多督"（totok），是清末民初移民东南亚的华人，他们相对于土生华人来说是较晚移居该地区的新移民。[1]

在语言方面，土生华人使用各种印尼方言，或是各式各样的马来语变体，并逐渐形成了独特的华人马来语。虽然部分土生华人也通晓汉语，能说一些中国南方方言，但中文终究是他们的第二语言。相比之下，新客华人由于移居东南亚的时间较晚，汉语仍然是他们的母

（接上页）由康奈尔大学出版社出版。此次讲座基于这本专著，展现了印尼华人出版业者如何将汉语与马来语元素巧妙结合，探讨了华人使用的马来语如何成为一门属于印尼大众的语言，如何挑战殖民政府在语言和政治方面的管控，以及华人如何利用自己的语言特色作为自己的"武器"，在构建自己特殊身份认同的同时获取并积累政治及经济资本。

语，水平通常比土生华人更高。汉语的使用与否是区分土生华人与新客华人的重要依据。[1] 然而，正如华人使用汉语区别本族裔内部的新旧移民群体，华人也通过语言区分荷属东印度地区的其他族群。语言甚至成为各个族群聚集与排他的工具。豪格弗斯特的研究《不被统治的语言：印度尼西亚华人出版业先驱》即是很好的例子。他认为，在近现代印尼华人群体中，华裔出版业者将汉语与马来语元素巧妙结合，挑战殖民政府在语言和政治方面的管控，用自己的语言特色作为"武器"，构建自身群体的特殊身份认同，获取并积累政治及经济资本。

下图为豪格弗斯特专著书影，其上的图片通过诸多细节反映了语言使用的相关问题。该图片出自 20 世纪 30 年代印尼三宝垄（Semarang）一家华人烟草公司广告，广告中有中文（尤其是闽南方言）、荷兰语、马来语等多种语言。多语言的使用体现了当时海外华人移民如下的特点：首先，这些华人普遍掌握多门语言，虽不一定完全精通，但日常使用却游刃有余；其次，这种多语背景使得华人群体涌现了不少优秀的可以使用多种

---

[1] 廖建裕：《爪哇土生华人政治 1917—1942》，李学民、陈巽华译，周南京校，中国友谊出版公司，1986，第 3 页。

图 6.1　《不被统治的语言：印度尼西亚华人出版业先驱，1911—1949》
来源：https://www.cornellpress.cornell.edu/book/9781501758249/language-
ungoverned/

语言进行艺术、文学创作的作者；最后，多语混用一定
程度上反映了当时不同社会力量之间的角力。荷属东印
度的华人不可避免地需要面对荷兰殖民者，同时也要面
对荷属东印度的土著精英，甚至在土生华人与新客华人
之间也存在着一定对抗。这些族群之间的张力在语言使
用上就可以看出。1933 年一部戏剧中的小诗就是很好

的例子，短短 6 行诗句中就包含有英语、客家话、闽南话和马来语多种语言。[1] 这种例子屡见不鲜，华人在马来语中掺杂进其他语言，试图彰显自己的族群认同。

华人出版业的崛起：
从消费者到掌控印尼出版行业

印尼群岛最早接触的文本，来自南亚次大陆。之后，随着阿拉伯穆斯林商人的到来，群岛地区开始出现阿拉伯文字书写的文本。18 世纪，荷兰人在印尼群岛的统治趋向稳固，对记录信息怀有浓厚的兴趣，当地也因此产生了大量使用拉丁字母拼写的文本。17 世纪时，新式印刷技术由荷兰商人传入爪哇，推动了当地印刷业的出现与发展。荷兰殖民当局利用新式的印刷技术印制小册子、传单、报刊、书籍等文字材料以巩固殖民统治，这些出版物均为荷兰语。例如荷兰殖民政府于 1744 年在巴达维亚（现雅加达）出版的第一份报纸

---

[1] Tom G. Hoogervorst, "What Kind of Language was 'Chinese Malay' in Late Colonial Java", *Indonesia and The Malay World*, vol.45, 133 (2017): 294-314.

《巴达维亚新闻》(*Bataviasche Nouvelle*)，即为荷兰语报纸。这一时期的出版业主要由殖民当局、贵族、教士以及知识分子掌控，商人尚未进入出版行业。

自 19 世纪起，逐渐有华人及印欧人进入荷属东印度的出版业[1]。华人出版业者使用相较于荷兰语更易读且使用范围更广的马来语，印制了大量以马来语为媒介语的报刊。华人出版的报刊得到广泛关注，活跃于荷属东印度群岛的商人们也得以依靠此类文本获取并传播信息。这一变化深刻改变了人们的阅读习惯，让阅读变成了人们生活中不可或缺的一部分。文本的大规模生产也使印刷品成了一种商品，许多人得以从中获利，印尼社会出现了许多纯粹追求商业利益的出版商。例如，华人企业家陈坤瑞（Tan Khoen Swie）创办了以他自己名字命名的"陈坤瑞出版公司"，在荷兰殖民时期及独立后出版发行诸多爪哇语或马来语刊物，为传播爪哇传统文化作出了极大贡献。时至 19 世纪末 20 世纪初，出版业已成

---

[1] 印欧人是欧洲人与荷属东印度当地土著的后代，在荷属东印度多为荷印混血儿（称为"Indo"，"Peranakan Belanda"，荷兰后裔）。印欧人凭借其部分欧洲血统在荷属东印度享有比土著更高的社会地位与法律地位，然而其地位在殖民宗主国常得不到承认。

为荷属东印度华人进行文化和思想传播的重要途径。

荷属东印度殖民政府于 1856 年通过了一项法令，允许非荷兰语的文字材料在当地发行。到了 20 世纪初，印刷技术得到进一步提升，印尼出版业迅速发展，而这一时期得到最广泛关注的仍然是使用马来语发行的报纸。马来语本是廖内群岛地区方言，在马六甲海峡两岸广泛使用，最初由马六甲海峡地区的商人使用，是一种商业语言，这种马来语最初也被称为市场马来语（bahasa pasar）。随着各地商人在马六甲地区相会，马来语的影响逐步向外辐射至荷属东印度群岛各地。马来语因其较为简单的词汇和语法系统被广泛使用。虽然爪哇语在爪哇岛的使用人数较多，但爪哇语的语法较为复杂，且根据说话和听话者的阶层区分使用方法，因此也成为爪哇人排外的工具之一。因此，可以突破族群之间隔阂的马来语被包括华人在内的各种族、阶级、教育背景的人群广泛使用。马来语报纸很快占据了人们日常生活的方方面面。

华人出版商们抓住机会，积极投身出版业，逐渐在该行业中确立了重要的地位。此外，他们还利用这一行业来影响舆论，宣传华人民族意识并与各种社会力量进行角力。华人报刊《新报》(*Sin Po*)常被认为是部分宣扬华人民族主义的华人的舆论阵地。《新报》持续发行了数十年，其内容体现了不同社会思潮在华人世界的发展与变迁，《新报》的编辑及撰稿人也经常通过报纸传播自己的思想。例如，《新报》主编、著名作家郭克明(Kwee Kek Beng)就曾多次发表具有争议的文章。这些文章在反殖民及印尼独立运动中都发挥了重要作用，郭克明也成了重要的舆论领导者。

　　欧洲人垄断的印尼报刊也不断进行着本地化尝试，逐渐取得了一些成果。例如，三宝垄的报馆就尝试在荷兰语报纸上刊出被翻译成中文、马来语、爪哇语等语言的新闻概览。这种新闻概览广受欢迎，尤其受到了当地华人精英的追捧。华商通过阅读这些内容来获取资讯，以深入了解当地文化或商业信息，追踪发生在荷属东印度或中国祖籍地的时事。例如，辛亥革命之后，同盟会在印尼设立支部，同时有52家报社报道了发生在中国的革命，同时大力宣扬中国的革命理论。这样的情况在荷兰殖民统治时期时有发生，舆论宣传也成为推动印尼华人民族主义发展的重要力量。

　　同时，报纸也为人们提供了更多的消遣方式。许

图 6.2　印尼华人出版的马来语报纸《春秋》(Tjhoen Tjhioe)

来源：https://en.wikipedia.org/wiki/Tjhoen_Tjhioe#/media/File:Cover_page_of_Tjhoen_Tjhioe_newspaper_from_December_27,_1918.png

多人沉迷于阅读报刊上的连载小说，如果想了解故事的走向，就必须不断购买新一期的报纸。连载小说勾起了人们的阅读兴趣，也为出版商带来了较为稳定的读者群。此外，连载小说还为文化的传播与交流做出了突出的贡献。20 世纪上半叶，印尼最著名的翻译连载小说是中国的《三国演义》，而这部著作在连载之前已经被多次翻译成马来语及其他东南亚语言。许多华商习惯于从报纸中获取商业信息，愿意为了抓住商机而付出订阅报刊的小额成本。殖民地的本地商人们却相对后知后觉；直到印尼取得独立，本地官僚和商人们才真正开始重视报纸的作用。

华人最初只是欧洲报刊的订阅者、阅读者。而随着时间的推移，华人逐渐变成了报刊发行的主体，其中有着多重原因：首先，对移民到荷属东印度群岛的华人来说，他们通常会尽快学习马来语，以更好地在当地从事贸易活动。华人在学习语言的过程中要经历"抗拒、接受、融合、再创作"的过程，而最后造成的结果是许多华人精通马来语，可以熟练地使用马来语阅读、写作，甚至可以编辑发行马来语刊物。使用马来语翻译中文书籍就是很好的例子，如上文提到的《三国演义》等名著。翻译中文书籍也成为华人巩固其马来语使用能力的重要途径之一。到 20 世纪初，华人已经成为马来语的主要使用人群。另外，华人在出版业取得的成功也得益于华商资本的驱动，当地华人中不乏经济实力雄厚、愿意投资出版业的商贾，他们谙熟报刊的传播渠道和销售渠道。此外，华人出版商不仅可以轻易获取华人、马

图 6.3　第一批面向非欧裔的官办学校成立于 19 世纪末、20 世纪初，华人与本地精英的子弟被分开授课

来源：https://deindischekwestie.nl/dromen-over-duisternis-tot-licht-en-openbaarheid-dat-is-de-enige-school-van-politieke-opvoeding/

来人、欧洲人等各群体的商业资讯和娱乐内容，还熟练掌握了打字、排版、印刷等先进技术，这些因素对出版业的发展是至关重要的。通过近半个世纪的学习，华人完成了从荷兰语报纸的消费者到拥有并掌控印尼出版行业的转变。

语言之争：中国文化本位与全盘西化

华人熟练掌握马来语并选择马来语作为其报刊的第一语言，这与华人移民的特殊历史有着紧密的联系。爪哇华人多数来自中国闽南地区，最开始更倾向于使用福建方言。在爪哇定居后，本地出生的华人在日常生活中使用马来语，中文水平欠佳，只有口语能力，却没有写作能力，所以只能用拉丁标注闽南方言。其次，荷属东印度社会最常用的语言是马来语，使用马来语可以促进华人与其他族群更顺畅地交流，更好地融入当地生活。另外，很大一部分华人移民及其后代无法接触到中文教育，导致其汉语水平有限。因此，华人对马来语的掌握日趋熟练，马来语很快成了当地华人使用得最为流畅的语言。

然而，到了19世纪末，华人社群中再次出现了学习并使用中文的热潮。19世纪下半叶，中国饱受欧洲列强的欺凌，国内政治的风云变化激起了印尼华人的民族主义情绪，而这样的情绪在华商创办的报刊上有较为明显的体现。首先，印尼的华人学校开始尝试系统性地教授北方官话，而非各种南方方言。其次，华人知识精英们展开了对保留传统中华文化和借鉴西洋现代文明的论争。再次，受国内外风潮影响，印尼华人在着装、生活方式等方面经历了巨大的变化。另外，印尼华人对外国势力的愤懑不断积聚，导致他们中的一部分人转而支持中国的民族主义运动，希望积极地为中国的政治改良贡献力量。印尼华人甚为关心中国时局的变化，其热情在报刊上展露无遗。马来语仍是当地华人群体使用得最为广泛的语言，因此这一时期华人报刊使用的语言仍以马来语为主。但华人积极支持中国的民族主义运动，各种变化在文化和语言层面体现得尤为明显。

图 6.4　19 世纪下半叶的一份报纸，虽然彼时华人报刊中已经开始使用汉字，然其遵循的发音规则仍是以闽南方言为基础的。汤姆·豪格弗斯特供图

1911 年，辛亥革命推翻了封建帝制，吸引了越来越多的荷属东印度华人参与各类政治运动，当地华人社群出现了"再华化"（re-Sinicization）的倾向。一时间，华人学校、商会、读书会，以及与中国相关的报刊和群众组织大量涌现，甚至还出现了由当地群众组织创办的反殖民报纸。这一时期，荷属东印度华人可以大体分为两个派别。其中一派认为中国是他们的希望，他们受到民族主义运动的感召，即使身在南洋，依然心念中国。另一派则认为他们的未来在荷属东印度，因此努力效忠殖民政府。

另外，华人在荷属东印度被殖民当局归类为"外籍东方人"（Foreign Orientals）[1]，承受着不平等的待

---

[1]　荷兰殖民当局将荷属东印度的居民分为欧洲人、印尼土著和外籍东方人（"foreign orientals"，也称"foreign easterners"）。外籍东方人包括华人、阿拉伯人、印度人等，华人占其中的绝大部分。在荷属东印度，欧洲人（包括印欧混血）享受着最高的社会地位与法律地位，并且享有足够的特权，印尼土著则地位低下。外籍东方人则夹在欧洲人与土著之间艰难生存，虽不致于同土著一起遭到欺压，但也同样受到荷兰人的压迫，基本没有特权。荷兰人利用华人为首的外籍东方人对印尼土著进行管理，一定程度上激化了华人与土著之间的矛盾，使得华人在荷属东印度处境更为艰难。

遇，包括高税收、教育不平等，以及行动、从业、衣着等方面的限制，这使得许多华人在政治认同上倾向中国。为了缓和华人的反殖情绪，殖民政府取消了部分对华人的限制，允许华人接受西式教育。殖民当局希望通过此举扶持一批效忠荷兰、具有较强经济实力，且在社会文化领域有所作为的华人精英。当局在 20 世纪初的政策的变化使得一部分华人精英子弟得以接受系统的西式教育，熟练掌握荷兰语，其中不少人成了在当地颇具影响力的大商人、大企业家。例如，一部分受到荷兰教育、学习荷兰语的华人于 1911 年在荷兰莱顿成立了"荷兰中华会"，之后又于 1928 年在荷印创立了"中华会"。"中华会"是荷印地区的首个华人政治组织，在 20 世纪上半叶一直是华人政治团体中亲荷派的代表。[1]

回到语言的话题，彼时的华文报纸刊登了一幅题为《爪哇的华人教育》的漫画。漫画描绘了当时的华人群体内部的微妙关系，反映了当地华人语言使用的情况。图中的两个人正在讨论华人的教育问题，其中一位是光脚扎辫子穿大褂的传统华人，操着一口夹杂着

---

[1]　详见谢侃侃：《英属马来亚与荷属东印度群岛华人抗日救亡运动比较研究（1937—1942）》，《南洋问题研究》2021 年第 3 期。

闽南方言的马来语，另一位则是接受西方"现代"教育的华人青年，使用标准的北方官话，夹杂着少量爪哇语词汇。漫画正中心赫然写着"谁更聪明？"（pinter mana）。这幅漫画不仅生动地反映了华人群体内部出现的嫌隙，更体现了有趣的语言问题。漫画中使用的语言是一种典型的混合语，以马来语为基础，其中却掺入了荷兰语、爪哇语甚至是闽南方言中的词汇。这种现象在当时的荷属东印度的华人群体中十分普遍。

图 6.5　漫画《爪哇的华人教育》。汤姆·豪格弗斯特提供

读者可以通过漫画看出当时普遍存在于爪哇华社的问题。漫画中的梳着长辫的华人学生是传统中国的代表，是一位恪守传统生活方式的华人子弟；西化的华人学生则是另一个典型，是一位只在乎自己穿着时尚的纨绔公子。在漫画作者看来，两位华人学生都不应是华人未来的前进方向，因为无论使用什么样的语言都无法让华人在殖民地获得足够的尊重。直到1942年日本占领东印度群岛，华人应该以什么形象示人的问题仍然充满了争论。

语言融合：华裔马来语的衰亡

除了对时局的讨论，华人民族主义者常常在其所办的报纸上刊登各种笑话。笑话以马来语为基础，夹杂了闽南方言，"同志"（toengtji）等词汇的使用体现了华人对马来语的影响以及华人语言成功的在地化尝试。

在探讨这类历史语言学问题时，笑话是很重要的一手材料。相较于严肃的殖民文学，笑话的作者们以更为轻松、诙谐的方式来表达意见、进行批判，更容易绕过殖民当局的审查。在荷属东印度，一旦针对殖民当局的批评过于尖锐，出版业者就可能面临囚禁、流放等惩

After a few chats, Stalin fell in love with Nadya, and not long afterwards Nadya the ironmonger's daughter was embraced as a "comrade" by the Dictator of Russia!	Kongkou poenja kongkou Stalin djadi perliep sama Nadya, dan tida lama poela Nadya anaknja si toekang besi dipoengoet "toengtji" oleh Dictator Rusland!

| kongkou | kóng-kó | 講古 | to chat |
| toengtji | tóngzhì (Md) | 同志 | comrade |

图 6.6 带有方言的笑话。汤姆·豪格弗斯特供图

罚。许多反殖民文学作品由旅居外国的作者创作，完成后才流回荷属东印度秘密发行，其目的就是为了逃避殖民当局的管控。笑话除了可以讽刺、批评殖民当局，还经常以戏谑的口吻挖苦他人，产生一定的戏剧效果。例如，土生华人经常嘲笑新移民的口音。新移民无法发出"r"（即齿龈颤音，俗称"大舌音"），常常使用"l"的发音取而代之。基于发音的细小差别，当地华人可以很容易地分辨新老移民，而土生华人常常对新客移民充满不屑和鄙夷。即便如此，出版物上的话语通常是以笑话等较为友善的方式表达的，很少会导致正面冲突。

这种充满戏谑、嘲弄口吻的笑话同样针对日本人和荷兰人。土生华人嘲笑日本人在其发音中用"r"代

替"1"，与新客正好相反。日本侵略中国之后，华人与日本人的关系日趋紧张，荷印华人报刊也频繁地使用漫画或笑话来嘲弄日本人。

荷兰人也是这类笑话中常见的主角。华人常常用荷兰人的发音缺陷来影射荷兰人的道德缺陷（如下图例子）。笑话通常不进行直接的人身攻击，而是用隐喻性较强的幽默手段，借用语言上的差异来嘲弄他人。此时的荷兰人仍是荷属东印度群岛的殖民统治者，华人无法直接对殖民当局表示不满，因此华人会利用荷兰人的发音缺陷创作笑话来讽刺他们。

另外，马来语流畅与否是区分土生华人与新客华人的关键标准。相较于土生华人，新客通常更擅长使用闽南语或其他中国南方方言，这种现象常常反映在华裔马来语文学（Sino-Malay literature）中。华裔马来文学的

"You don't need to inquire about my wife and children!" snapped de Stijf: "God dammit, you are very ill-mannered! Now get out of here!"

"Tida perloe kowe tjari taoe dari halnja saja poenja njonja dan anak!" membentak de Stijf: "God verdomme, kowe koerang adjar sekali! Lekas pigi dari sini!"

图 6.7　华人创作的笑话，嘲笑荷兰人的口音。汤姆·豪格弗斯特供图

作者常常会用带有闽南语特色的"owé""bwansing""gua"等词汇来表达不同语境下"我"的含义。这种区分通常以幽默诙谐的笑话形式展现，表现出嘲弄的语气。

从华人的视角切入为马来语研究提供了新的思路。传统的马来语研究通常从欧洲人的角度出发，探寻欧洲人在殖民时期对马来语的影响，忽略了华人的作用。然而，中国人是最早系统性学习马来语的群体之一。自明代开始，中国就设有机构专门学习包括占婆语、缅语、暹罗语在内的多种东南亚语言。明朝时，中国人使用汉字对东南亚语言注音，加强对外语的学习。中国人学习东南亚语言远早于欧洲人在东南亚的殖民扩张，而且学习语言的热潮在欧洲殖民开始之后也从未退去。

19世纪中叶，大量中国南方居民下南洋，一系列教授马来语的课本应运而生。它们大多使用汉字对马来语进行注音，帮助华人读者迅速掌握发音。当出现汉字与外文的某些辅音无法对应的情况时，这些教材就会明确标注该汉字须使用广东或福建某地的方言来发音。20世纪初，大量海外华人开始学习中文，一方面支持了中国民族主义运动，另一方面也旨在加强不同华人群体之间的认同，促进海外华人的团结。19世纪末，有不少作者编写了适合海外出生的华人子弟学习闽南语的教程。这类教程通常使用汉字进行注音，同时使用拉丁字母拼写的马来语进行讲解。荷属东印度的土生华人通常更擅长马来语或是爪哇语，定居当地几代之后已然失去了流利使用中文的能力。即便如此，这些闽南语教材的编撰者却仍然"逆风而行"，身体力行地帮助土生华人找回失去的文化根基。

荷属东印度华人的语言传统十分特别，具有十分重要的研究价值。印尼华人向来就有将各种语言混合使用的传统，生动反映了不同文化的相互交融。另外，华人语言也受到了荷属东印度当地文化与风俗的深刻影响。以上两种影响相互交织，造就了荷属东印度华人语言的多样性和复杂性。然而，由于 20 世纪 60—90 年代苏哈托统治时期印尼禁止使用中文，对华人报刊、书籍大加限制，要找到合适的语料研究华人语言的变迁已非易事。此外，非专业学者通常不具备阅读早期文本的能力，世界范围内能够从历史语言学角度对印尼华人问题展开研究的学者已寥寥无几。豪格弗斯特的研究从语言使用切入，深入剖析了华人在荷属东印度历史中扮演的角色，为海外华人研究打开了一扇全新的窗户。

7

夜行军：与印度革命游击队同行的
人类学调查 [1]

主讲人 / 阿尔帕·沙阿（Alpa Shah）

整理 / 詹丹妮

印度共产党（以下简称"印共"）在今天的印度
政坛仍占有相当重要的地位。成立于 20 世纪 20 年代的
印度共产党至今已有近百年的历史。由于内部存在斗争

---

[1] 本文为伦敦政治经济学院（LSE）人类学系副教授阿尔帕·沙阿
博士的讲座总结，主题为"夜行军：与印度革命游击队同行"。
沙阿博士主要的研究领域为印度和尼泊尔的经济人类学和政治人
类学，涉及当代南亚地区的平等、贫困和革命斗争等议题。沙阿
博士的著作有《在国家的阴影下》(*In the Shadows of the State*)，
该书是基于对印度贾坎德邦原住民的长期田野调查，探讨印度
的原住民政治、环保主义、武装叛乱等问题，2019 年出版的
《夜行军：与印度革命游击队同行》(*Nightmarch: Among India's
Revolutionary Guerrillas*) 一书获得 2020 年度政治（转下页）

路线的分歧，印共在历史上曾分裂出不同的派别，而印度共产党中的毛主义者（Maoist）则是其中的一个重要的分支力量。长期以来，由于毛主义者坚持地下斗争路线以及印度政府的"信息舆论战"混淆视听等因素，外界难以了解毛主义运动斗争的全貌。而伦敦政治经济学院人类学系副教授阿尔帕·沙阿博士2019年出版的著作《夜行军：与印度革命游击队同行》（以下简称《夜行军》）则为我们揭开了他们的神秘面纱。所谓的"夜行军"（Nightmarch）指的是作者在2010年与毛主义者的游击队同行一周的经历，她作为队伍中唯一的女性，在夜幕下徒步250公里，穿越印度东部的茂密森林以躲避印度政府军镇压。这本书以作者一周的夜行军经历为主线，并在其中穿插了作者2008—2010年在印度的贾坎德邦（Jharkhand）、比哈尔邦（Bihar）等地的田野调查材料。

---

[1] （接上页）和法律人类学协会图书奖，（Association of Political and Legal Anthropology Book Prize），曾入围2019年度奥威尔政治写作奖（Orwell Prize for Political Writing）。

一、印度毛主义产生的背景

时至今日，世界上仍存在一批信仰毛泽东思想（Maoism）和认同其理念的个人及组织，他们被称为"毛主义者"。而在印度，"毛主义者"也常被称为"纳萨尔派"（Naxalite）。"纳萨尔派"一词来源于1967年5月在西孟加拉邦纳萨尔巴里（Naxalbari）村发生的由印度共产党中的毛主义者领导的著名起义，该事件后来被称为纳萨尔巴里起义，"纳萨尔派"也由此得名。

纳萨尔派由20世纪20年代早期的世界共产主义运动和印度共产党发展而来。与其他共产主义组织一样，其目标是通过一切可用的手段，为推翻资产阶级、建立共产主义社会而斗争。1947年印度脱离英国殖民统治实现独立之后，围绕是否拥护尼赫鲁政府，是否支持印度资产阶级，南亚次大陆的共产党内部开始出现各大派别。尤其是1962年中印边境冲突后，印度共产党分裂为亲苏派（pro-Russian）和亲中派（pro-Chinese）。当时的苏联出于本国利益考虑而支持尼赫鲁政府，并要求印度共产党转变其反对印度政府的态度。因此，印共"党内"以什里帕德·阿姆里特·丹吉（Shrlpad Amrit

Dange）为首的亲苏派转而支持尼赫鲁政府。[1] 而以普查拉帕利·孙达拉雅（Puchalapalli Sundarayya）为首的一派则认为国大党是大资产阶级的代表，主张由无产阶级领导反帝、反封建、反大资产阶级的"人民民主革命"，1965 年以普查拉帕利·孙达拉雅为首的一派从印度共产党中脱离出来，成立印度共产党（马克思主义者），简称印共（马）。但不久之后，印共（马）内部再一次发生分裂。当时，一部分人主张通过议会选举实现"人民民主革命"，而党内的激进派则被世界范围内不断发展的革命形势所鼓舞，始终坚持武装斗争。[2] 他们认为，尽管印度脱离了英国的统治，但殖民主义仍然存在。印度并没有获得真正的独立，国家权力只是被英国殖民者移交给了印度统治精英。他们认为，此时的印度和 20 世纪 30 年代的中国相似，仍处于半封建半殖民地社会。因此应当仿效毛泽东在 30 年代提出的革命策略，发动被剥削的农民开展人民战争，坚持"农村包围城市"的革命道路。

---

[1]　吴国富：《印度共产党（毛主义）的源起及其演进》，《社会主义研究》2012 年第 6 期，第 108—112 页。

[2]　参见王静：《印度共产党（毛主义者）的理论与实践研究》，社会科学文献出版社，2016，第 54—55 页。

　　于是在 1967 年 5 月，这些以"毛泽东思想"作为行为纲领的激进派在西孟加拉邦纳萨尔巴里村发动起义。在查鲁·马宗达（Charu Majumdar）和卡努·桑亚尔（Kanu Sanyal）等中上层阶级领导人的带领下，农民和工人占领并回收了土地，要求地主取消其债务，结束世代被奴役的局面。纳萨尔巴里起义被残酷镇压。[1]但是，起义的消息迅速传遍印度，类似的斗争在安得拉邦（Andhra Pradesh）的斯里卡库拉姆（Srikakulam）的森林和丘陵地带、奥里萨邦（Orissa）的科拉普特（Koraput）、比哈尔邦的博杰普尔（Bhojpur）平原和西孟加拉邦（West Bengal）的比尔宾（Birbhum）爆发。许多来自上层和中产阶级家庭的城市青年被纳萨尔巴里起义所吸引，他们离开城市，深入农村开展革命。毛主义者在革命斗争的过程中发展出许多派别，他们在各种问题上有不同的立场。但都反对地主压迫、种姓歧视等社会不平等现象，主张争取公平正义。他们试图动员在

---

[1]　在纳萨尔巴里起义爆发之后，以查鲁·马宗达（Charu Majumdar）为首的激进派于 1969 年正式脱离印共（马），组建印度共产党（马克思列宁主义者）。2004 年，印共（马列）被从其中分裂出来的实力最强的两个分支合并成立的印共（毛）所取代，参见王静：《印度共产党（毛主义者）的理论与实践研究》，社会科学文献出版社，2016，第 54—55 页。

印度等级制度下最被边缘化、最受压迫的群体，要求尊重和保护这些群体的权利。

20世纪80年代末，在印度不同地区的纳萨尔派曾试图开展联合，由此引发了政府残酷镇压。纳萨尔派无处可藏，因此遵循毛泽东和切·格瓦拉的策略，寻找地理条件适宜的地区进行游击战争，并开始撤退到印度中部和东部的山区森林中。而这些地区是原住民阿迪瓦西人（Adivasis）[1] 的聚居区。当来自城市和农业平原的纳萨尔派领导人到达这些偏远地区时，他们对这些阿迪瓦西原住民知之甚少，由此开始了纳萨尔派与阿迪瓦西原住民的互动与相互适应。

从2006年开始，印度政府宣布纳萨尔运动为"印度国内最大的安全威胁"。2009年政府军发动"绿色狩猎行动"，开始了前所未有的残酷镇压行动。许多与纳萨尔派有过接触的记者、律师、人权活动家也被限制行动。许多印度的人权活动家认为，这次镇压行动的出现可能与当下印度所遵循的新自由主义经济发展模式有

---

[1]　阿迪瓦西人：主要指印度的土著部落，阿迪瓦西人占印度总人口的 8.6%，超过 1 亿人，他们长期处于印度社会的边缘地位。

关。纳萨尔游击队的据点多位于印度中部和东部地带，该地区蕴藏着丰富的矿产资源。一方面，由于法律的种种限制，印度政府和跨国公司难以开发该地区的资源。另一方面，纳萨尔派也是抵制资源掠夺、反对印度新自由主义进程的最大力量。而政府军采取强力镇压行动，名为清除纳萨尔派，实则旨在进入该地区掠夺资源。

二、人们投身纳萨尔运动的动机

在《夜行军》一书中，作者以她为时一周的夜行军经历为主线，结合其长期田野调查成果，对阿迪瓦西社区中的纳萨尔派运动展开深入分析。书中涉及的人物包括：已从事地下斗争 20 余年，来自中上阶层的高种姓领袖吉安吉（Gyanji）；作者行军途中的保镖，16 岁的阿迪瓦西步兵科利（Kohli），他因与父亲产生争执而加入纳萨尔游击队；阿迪瓦西人维卡斯（Vikas），他是本次行军旅程的队长，但最后背叛了游击队；阿迪瓦西女性索姆瓦里（Somwari），作者进行田野调查时曾与其同住。该书的核心关切是探究当地阿迪瓦西部落成员投身纳萨尔游击队的动机，并思考纳萨尔派运动之中各派别间的种种矛盾。

学界一般认为，民众参与反政府武装运动的原因主要是出于功利，即希望通过参与运动以获得一定资源和利益；或是出于对当权者的不满，希望以此反抗印度政府。但这两种解释都存在片面性。实际上，当地的阿迪瓦西人与游击队之间存在独特的关系网络。许多家庭都有成员参与游击队，而游击队员们也依靠当地民众的支持。当地民众会在必要时帮助掩护游击队，并在游击队员有需要的时候为他们提供食物，而这些游击队员往往是他们的亲属。当地青年似乎已经对自由地进出游击队感到习以为常。他们加入游击队的理由大多是出于个人原因，如与家人的矛盾与争吵、寻求在村庄被禁止的恋爱关系或者对离开家乡去探索新世界的渴望等，而他们当中的一些人也会在特定时间回归村庄。在某种意义上，纳萨尔派已然成为这些阿迪瓦西人的另一个家。对于他们来说，加入纳萨尔派游击队和每年外出打工的差别并不大，都是个人成长乃至当地社会结构中不可或缺的一部分。

游击队与当地民众发展出这种情感上的亲近感，是毛泽东思想能够在该地区广泛传播的原因之一。然而，这也成为游击队的双刃剑，当地民众不时脱离和背叛游击队的行为也在一定程度上导致纳萨尔运动的分

裂。例如，阿迪瓦西人维卡斯作为队长领导了作者所参
与的行军，最后却背叛了游击队。维卡斯出于功利的目
的参与纳萨尔游击队，暗地里将纳萨尔派的经费中饱私
囊，以此致富。可以说，这段旅途中行军队伍内部的分
裂是对纳萨尔运动本身以及印度现状的真实写照。

当地阿迪瓦西人与纳萨尔派的亲密情感（emotional
intimacy）也离不开纳萨尔派领导人们的不懈努力。纳
萨尔派领导人大多来自主流社会上层，是阿迪瓦西人一
直试图远离的群体。但这些纳萨尔派领导人对革命理论
有着坚定的信仰，致力于建设一个消除种姓和阶级的
平等社会。他们借鉴毛泽东思想中"从群众中来到群众
中去"的方法，试图平等对待每一个人，从而与长久以
来一直被"边缘化"的阿迪瓦西人培育出亲密的联系。
长期以来，阿迪瓦西人一直遭受高种姓商人的剥削和压
榨，这些商人以极其低廉的价格从阿迪瓦西人手中收购
高价值的农产品，而当地民众却无力反抗。纳萨尔派打
击了这些不良商人，还对长期游荡在森林地区的犯罪分
子进行了抓捕，并在当地建立了学校和免费医疗站。这
些举动让阿迪瓦西人意识到，纳萨尔派比印度政府更加
努力地为他们提供服务，值得被接纳和信任。然而，纳
萨尔派赢得人心的根本原因则在于他们坚持平等主义的

思想，始终将阿迪瓦西人当做同伴对待，并尊重他们。这种理念在纳萨尔派与当地人交往中得到了充分体现。例如，纳萨尔派很注意自身说话时的语调，他们称呼别人时也会使用相应的敬语，他们和阿迪瓦西人分享食物和水，以一种亲密的轻松态度和村民们开玩笑，这些细节都让游击队渐渐获得当地民众的信任。

纳萨尔派发动了一系列当地民众参与的游行集会，抗议政府的私有化、自由化和全球化路线，要求保障就业，反对腐败。除了在当地进行抗议，纳萨尔派还在贾坎德邦的首府兰契，甚至在德里组织群众集会，抗议政府以发展之名在阿迪瓦西人的聚居地建设水坝、钢铁厂和发电厂，最终导致他们流离失所。一位村民曾说："纳萨尔派教导我们国家应该给我们什么，这个国家应该是什么样子的。"纳萨尔派的政治动员试图让阿迪瓦西人意识到，其经受的苦难是由印度政府造成的，这种政治动员客观上为阿迪瓦西人勾画了一个关于国家的整体轮廓。某种程度上，尽管纳萨尔派在主观上反对当代的印度政治制度，但他们却扮演了一种先锋的角色，使低种姓民众、达利特人、阿迪瓦西人这些边缘群体以某种方式参与到主流政治生活之中。也就是说，纳萨尔派在客观上把印度的国家想象带入阿迪瓦西人的生活中，让那些一直试图远离这个国家的阿迪瓦西人成了这个国家的一部分。

三、一体两面——纳萨尔运动存在的问题

值得注意的是，纳萨尔运动也存在一些问题。例如，纳萨尔派对印度经济秉持一种过时的看法。他们认为印度至今仍然是半封建半殖民地社会，以此证明其立足农村的持久战策略是正确的斗争路线。这种社会性质的界定在纳萨尔派中是不容置疑的，如果其成员偏离了这些核心主张，则可能被视为叛徒。尽管纳萨尔派对其路线的坚持在一定程度上解释了他们长期存在的原因，但也带来了很多问题，例如他们无法解释资本主义如何在印度被广泛接受。在此背景下，一部分纳萨尔派的成员被资本主义所吸引而背叛了游击队。

纳萨尔运动存在的另一个问题是他们不能充分基于阿迪瓦西族群的现实情况来发展其运动。相比等级分明的印度教社会，阿迪瓦西社区实际上是相对平等的社区，阿迪瓦西妇女享有两性平等的权利和经济、社会与性上的自由。当地妇女可以外出工作，而当地男性也会

从事诸如做饭、洗衣服、扫地和照顾孩子等家务。人们会互相帮忙造房子、种地、收庄稼，这种平等互助的精神使他们相对免于因不平等而造成的社会分裂。然而，随着纳萨尔运动在阿迪瓦西社区的深入，阿迪瓦西社区中原本存在的性别平等反而被破坏，父权制在该地区崛起。例如，男性的纳萨尔派领导人被指控对低种姓女性干部进行性剥削。恋爱关系在游击队中不被允许，因此纳萨尔派领导人们要么将情侣拆散，要么鼓励他们结婚，因为结婚是将恋爱关系合法化的唯一途径。另一方面，婚姻也需要获得领导人的批准，因为结婚目的不仅仅是出于性，更是为了革命事业的需要。没有充分的理由便申请离婚被认为是不负责任的，是不将集体利益置于优先地位的个人主义思想。高种姓的男性领导层在游击队员的婚姻问题上有很大话语权。在某种程度上，婚姻是异性间唯一可以合法亲密接触的方式，却也可能成为控制女性的工具。

四、纳萨尔派与印度教右翼力量的互动

纳萨尔派驻扎于印度中部和东部的山区森林中，长期以来都致力于动员当地阿迪瓦西人加入其游击队。

但近年来，不断发展壮大的印度教右翼势力也制定了动员阿迪瓦西人的相关策略。例如，印度教右翼将阿迪瓦西人称为"森林居民"（Vanvasi），在该地区建立了"森林居民福利院"（VanavasiKalyan Ashram）等组织，以发展印度教徒和部落居民的亲密关系。

纳萨尔派如何回应这些印度教右翼势力的行动？他们又如何在阿迪瓦西人聚居区和基层的印度教右翼组织展开竞争呢？事实上，双方都在同一地区积极地进行政治动员，修建学校和诊所，且经常因争夺势力范围而引发冲突。纳萨尔派多在地下开展活动，而印度教右翼势力通常更有组织性，也更容易在公开竞争中取得优势。印度教右翼势力支持政府对纳萨尔派的镇压行动，以求进一步削弱纳萨尔派的影响。在此背景下，印度教右翼基层组织成功地获得了很多阿迪瓦西人的支持。

近年来，印度政府展开了一系列打击纳萨尔派的行动。很多在城市工作的中产社会工作者积极为穷人发声，尽管很多人可能和纳萨尔运动并无关联，但他们仍然在近年的政府行动中被当作"城市纳萨尔派"（Urban Naxals），未经审判就被关进了监狱。这些残酷的事件并不为国际社会所知晓，值得进一步加以关注。

世界主义：重新审视季风亚洲在世界舞台上的位置

8

互动与皈依：东南亚华人信仰体系构建中的三个历史时刻 [1]

主讲人 / 芭芭拉·安达亚（Barbara Watson Andaya）

整理 / 温华翼

关于基督教在中国传播情况的研究已经汗牛充栋，相比之下却少有学者关注基督教在海外华人社群中的影响。而在 16—19 世纪，东南亚华人社群恰恰是基

---

[1] 本文为夏威夷大学亚洲研究系教授、美国亚洲研究协会（AAS）前主席芭芭拉·安达亚所作题为"互动与皈依：东南亚华人信仰体系构建中的三个历史时刻"讲座纪要修改稿。该讲座是北京大学区域与国别研究院与外国语学院合办的"新芽沙龙"东南亚名家系列的第二讲。芭芭拉·安达亚教授是世界著名的东南亚研究学者，先后在马来西亚、澳大利亚、新西兰、印度尼西亚、荷兰工作，自 1994 年起在夏威夷大学任教，于 2000 年获得了 John Simon Guggenheim 奖。她的代表作包括《马来西亚史》（*A History of Malaysia*）、《燃烧的子宫：重新定位东南亚（转下页）

督教传教士试图打开中国大门的试炼场。通过对 17 世纪的西属菲律宾、19 世纪的英属海峡殖民地和 20 世纪 30 年代的英属马来亚与荷属东印度群岛进行对比研究发现，只有具备成熟的历史条件，外来宗教才能在该地区得到实质的发展。本研究旨在对宗教交流中的全球互联进行梳理，并将东南亚地区的宗教互动置于全球史框架内进行分析。

一、17 世纪的马尼拉 [1]

当西班牙人在 1570 年开始其对马尼拉的占领时，当地仅有约 150 个华人。而到 1600 年，当地的华人人口则增长到了大约 20000 人，其中大部分都是 1567 年隆庆开关后从泉州与漳州漂洋过海而来。华人在西班牙人的要求下聚居在马尼拉要塞边上的帕里安（Parian），并在 1565—1815 年间横跨太平洋的马尼拉大帆船贸易中扮演着重要的中介者角色。来自中国的丝绸、瓷器、漆绘与雕刻工艺品经由马尼拉被运往大洋彼岸的墨西

（接上页）历史中的女性（1500—1800 年）》（*The Flaming Womb: Repositioning Women in Early Modern Southeast Asia*）等。安达亚教授目前的研究课题关注 1511—1900 年间东南亚地区的宗教互动。

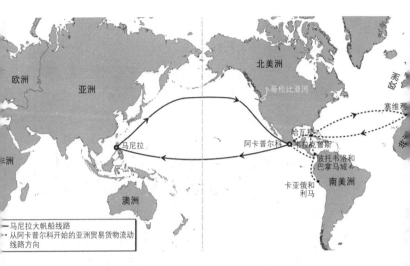

图 8.1　1565—1815 年间的马尼拉大帆船贸易路线（制图 Jesse Nett）

来源：https://www.oregonencyclopedia.org/media-collections/manila-galleon/?grid=1#the-route-of-the-manila-galleon

哥，而来自福建的商人们则从中赚取了美洲白银。

　　耶稣会士早在 1552 年便将传教网络拓展到了中国，但其他基督教派却寻路无门，其中就包含了西班牙的多明我会[1]。因此，1587 年来到马尼拉的西班牙多

---

[1]　多明我会（拉丁语：Ordo Praedicatorum，简称 O.P.），又称道明会、多米尼克修会，是天主教托钵修会的主要派别之一。

明我会传教士将马尼拉看作一个向中国传教的跳板，并首先尝试在当地的华人社群中进行演练。

当时，从福建南下前往马尼拉的除了商人与手工业者外还有一部分文人学者。据记载，一位名为胡安·科博（Juan Cobo）的多明我会传教士正是在福建文人的帮助下获取了福建的相关知识，并用文言文著成了《万能真神实录》。该书将上帝塑造为万物的创造者，并记录了传教士如何将基督教教义与自然科学糅合在一起。《万能真神实录》仅有一份副本留存至今，现珍藏在西班牙马德里的国家图书馆。此外，当地华人与西班牙传教士之间的互动还表现在其他方面：例如，1593年一位华人印刷了用西班牙语和他加禄语（Tagalog）写成的《基督教教义》（*Doctrina Christiana*）。另外，科博在其宣教的材料中创造性地融入了一些动物故事。在这些故事中，他将自然规律与上帝的创造性糅合在一起，不同动物在食物链中的关系被体现为上帝造物的神奇体现。

来自福建的华人多以闽南语为母语。多明我会的传教士们相信方言能够帮助他们吸纳更多的华人信徒，从而搭建一条通往中国的传教之路，因此开始积极地学习闽南语。在当地华人的影响下，传教士们在1605年印刷的一版《基督教教义》中使用了大量闽南方言，包括明代福建方言中的特有字符。此外，马尼拉华人掌握了高超的雕刻技艺，协助制作了大量宗教雕像，得到了传教士们的认可。这些雕像成了市场上炙手可热的商品，当时马尼拉教堂中的许多宗教工艺品都出自华人之手，例如下方的圣母玛利亚的雕塑和用象牙雕琢的沉睡的耶稣。

图 8.2　悲伤圣母（18 世纪）。这个雕塑最有可能是在福建省制作的，或者是由在该地区受过培训但在菲律宾工作的艺术家制作的

图 8.3 沉睡的耶稣（17 世纪）：镶嵌着玻璃眼睛的纯象牙躯体，中国式光头

　　在传教士的努力下，确实有部分华人皈依了基督教，因为皈依能够带来一些切实的好处。例如，华人基督徒在 1596 年被允许离开马尼拉；1626 年西班牙免除了皈依华人的额外劳役，且他们在皈依后的十年里无需向西班牙人交税。但这些措施的效果十分有限，无处不在的歧视、赋税以及烦琐的皈依仪式让大多数华人对基督教望而却步。西班牙殖民当局允许皈依了基督教的华人与当地人通婚，他们的后裔成了后来菲律宾社会的梅斯蒂索（Mestizos）群体 [1]。到 1662 年，当地两万多华

---

[1]　"梅斯蒂索"是西班牙语与葡萄牙语中的专有名词，多用于西班牙与葡萄牙的殖民帝国时期。西班牙与葡萄牙殖民美洲时多与当地土著生下混血儿，这些混血儿形成的拉丁民族被称为"梅斯蒂索"人。之后这一称呼也用于亚洲地区的殖民地，殖民地欧亚混血儿也称为"梅斯蒂索"。

人中只有约 15% 皈依了基督教。因为西班牙的种族歧视政策，马尼拉华人在 17 世纪初发动了数次起义，矛头直指当地基督教会，并且把传教士和教堂内的艺术品作为打击和毁坏的目标。

总体来说，尽管西班牙人在 17 世纪初的马尼拉努力传教，但因历史条件尚不成熟，获得的效果并不理想。甚至根据岷伦洛教堂（Binondo Church）[1] 19 世纪 80 年代的记载，当地的华人居民中只有约 4% 皈依了基督教。菲律宾华人基督徒的数量直到 20 世纪初美国占领时期才有了显著的增长。

二、19 世纪早期的马六甲与新加坡

下面我们将视角转向 19 世纪早期的英属海峡殖民地。当时，马六甲和新加坡居住着大量华人，马六甲居民中约有四分之一是华人或峇峇（Baba，指华人与

---

[1] 岷伦洛教堂是位于马尼拉岷伦洛区的基督教堂。该教堂建于 1596 年，以方便华人基督教徒进行基督教相关的宗教活动。菲律宾首都马尼拉市岷伦洛区又称宾南杜，是马尼拉最主要的华人聚集地，始建于 1594 年。

图 8.4　威廉·米怜与妻子。芭芭拉·安达亚供图

来源：https://hmn.wiki/sv/William_Milne_(missionary)#wiki-1

当地马来人的后裔），而在新加坡居民中华人占比约为31%，大多数来自福建或潮汕地区。1815 年，以英国人威廉·米怜（Willian Milne）为代表的第一批传教士

带着他们的妻子和华人助手抵达马六甲。米怜的助手梁阿发（Liang Ah Fa）帮助翻译及印刷了许多传教材料，并成了当地第一位华人牧师。

米怜是马六甲地区传教活动的总负责人，与科博相似，他坚信基督教能通过马六甲传向东南亚各地并最终到达中国。不同的是，米恩看到了教育的重要作用，他认为教育能够帮助华人更好地理解并接受基督教的教义，因此他在马六甲建立了英华书院（Anglo-Chinese College）。他希望新一代华人能够在此接受教育并皈依基督教，并最终成为神职人员投身于他们的传教大业。米怜通过书院印刷了很多书籍，如圣经和他创作的小说《张远两友相论》。这些书籍成了他在马六甲以外进行传教活动的重要工具。

另一位值得一提的传教士是里雅各（James Legge）。他于 1840 年被英国新教公理宗的伦敦传道会派驻马六甲主持英华书院。里雅各对于中国儒学和传统文化保持着敬畏之心，且认为在中国古代经典里同样蕴含着基督教的精神。1843 年，他解散了马六甲的英华书院前往香港，并在当地创了新的英华书院。两年后，他带着三名中国男生回到了英国。在其中一名男生的协助下，

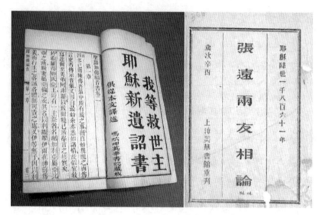

图 8.5　《中文版新约全书》（1817 年）、《张远两友相论》
（1819）。芭芭拉·安达亚供图

里雅各在新加坡建立了一座新教堂。

　　当时新加坡的情况与 17 世纪的马尼拉相似，当地
华人很少以放弃自身传统文化为代价投身于一个全新的
宗教信仰。许多上英华学校的孩子都希望能够学习商务
英语以方便从商并继承家业，基督教对他们来说并没有
很大的吸引力。尽管新加坡教会发行了诸多中文传教书
籍，华人基督徒的数量依然没有快速增长。

　　虽然 19 世纪后半叶新加坡华人数量激增，从 1824
年的 3317 人，增加到 1881 年的 86766 人，但华人基

图 8.6 里雅各与他带回英国的三个学生。芭芭拉·安达亚供图

督徒数量仅有不到千人。[1] 一方面，中华传统文化仍深深地扎根于海外华人社群，而皈依意味着信仰体系的全面重塑，很多华人不愿轻易切断自己的文化及精神血脉。另一方面，以基督教为旗号的太平天国运动客观上造成国内民生凋敝，中国国内的反基督教情绪也蔓延到了海外。鸦片战争以后中国被迫开放口岸，传教士们得以前往香港等地传教。历史环境让 19 世纪英国

---

[1] 参见张钟鑫：《新加坡华人基督教史初探（1819—1949）》，《福建论坛（人文社会科学版）》2010 年第 4 期。

人在海峡殖民地的传教活动遭遇了跟西班牙人相似的困境。

三、宋尚节（John Sung）在新加坡和荷属东印度群岛的传教活动

相比之下，20 世纪 30 年代是一个截然不同的历史时刻。这一时期，东亚地区的基督教复兴运动、美国五旬节派（Pentecostalism）的崛起、清王朝的覆灭等因素共同作用，为华人宗教领袖宋尚节在东南亚的传教活动搭建了一个极为特殊的历史舞台。1907 年至 1910 年间的平壤复兴运动[1]让基督教在朝鲜半岛得到了广泛的传播，我们需要将这次复兴运动放到更为广阔的全球视野中进行考察。1906 年，美国洛杉矶的阿苏萨街运动推动了五旬节派在美国的发展。五旬节派强调传教活动的参与性和表演性，对当地社会中经济状况较差的群体具

---

[1] 平壤复兴运动（Pyongyang rivival）指 1907 年发生于朝鲜平壤市的基督教复兴运动，这一运动使得福音在一个异教国家产生了非常大的影响，在这之后，平壤因其基督教化的特征以及福音传播程度之深，一度被称为"东方的耶路撒冷"（Jerusalem of the East）。

图 8.7　宋尚节。芭芭
拉·安达亚供图

有特别的吸引力。在五旬节派传教活动走向世界的过程
中，正在发生剧烈变迁的中国成了一个传教士眼中重要
的目的地。西方传教士将 1901 年清王朝的覆灭看作是
一个传教的黄金时机。然而，各地华人将传教士看作殖
民势力的一员，普遍对他们抱有敌意。与此同时，华人
自发的传教活动却提高了基督教在中国的影响力，且推
动了各地教堂的兴建。

　　1901 年，宋尚节出生于福建莆田，父亲是当地一
所卫理公会教堂牧师，其家庭受到了当时基督教复兴运
动的深刻影响。宋尚节从年幼时期起就积极参与布道活

动，在当地小有名气。青年时期，宋尚节在传教士的资助下赴美求学，在俄亥俄州立大学取得了化学博士学位，后前往纽约协和神学院攻读神学。在此期间，他被基督教基要派和现代派之间的辩论所吸引，并受到福音音乐的影响，逐渐创立出一套新颖的传教方式。20世纪20年代，美国著名女传教士乌尔丁·乌特莉（Uldine Utley，1912—1995）利用歌唱与演绎的方法传教，给宋尚节留下了深刻印象。值得注意的是，宋尚节的美国留学经历并未让他对西方传教士产生亲近感。相反，他认为只有当西方传教士离开后，中国本土的教堂才能够进一步发展。

宋尚节于1927年回国，很快组建了伯特利布道团（Bethel Worldwide Evangelistic Band），不久后便声名远播至东南亚地区。这一时期，东南亚华人正经历着重重困难：例如，在英属马来亚和荷属东印度群岛，当地排华浪潮激发了华人日渐高涨的民族主义情绪，但华人也成为原住民民族主义情绪的发泄对象；全球经济大萧条让诸多矿山和种植园倒闭，殖民地对劳动力的需求也随之下降；殖民政府对华人移民严加控制，许多人面临着被驱逐出境的窘境。这些因素综合作用，使得当地华人教会损失了大批信徒，入不敷出、每况愈

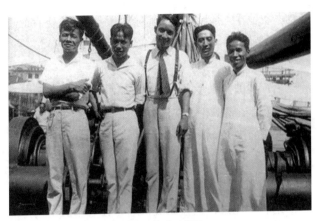

图 8.8　伯特利布道团。芭芭拉·安达亚供图

下，急需一道能拯救他们的曙光。宋尚节正是在这样的
时代背景下被邀请到东南亚地区进行传教的。

宋尚节的传教更近似一种"剧场式"的布道，他能
够以生动的表演和互动来阐释晦涩的教义。例如，他让
观众背负一个小棺材，在棺材内放入象征原罪的石块，
每承认一项罪过就放入一块石头直至观众无法站立；之
后，他缓慢地将石头取出，用这一过程体现灵魂的净化
与重生。此外，宋尚节还能使用马来语或闽南方言演唱
歌曲。他这种戏剧化的传教方式流露着来自美国五旬节
派和福音音乐的影响。当地媒体纷纷报道宋尚节的传教

活动，将他在当地掀起的热潮称作奇迹，认为他的布道给遭受苦难的华人群体提供了一个治愈的港湾。

宋尚节的布道一定程度上弥合了东南亚华人间因方言不同而存在的裂隙。在他布道的"剧场"中，来自不同方言区的华人都能共享同一种神圣的情绪，一种共有的"华人"身份。也正是在这一过程中，宋尚节的宗教宣讲与当地华人日益高涨的民族主义情绪得到了有机的结合。此外，他强调皈依基督教与保留文化传统并不冲突，并鼓励华人教堂接纳更多的中华民俗传统。这一主张在英属马来亚与荷属东印度群岛受到了华社的热烈欢迎。

基于对上述基督教在东南亚地区华人群体中传播的案例进行进一步的比较与梳理，可以发现，基督徒依然是东南亚华人中的一个少数群体，分析他们信仰的转变必须在具体的历史语境中进行，历史学家在研究中也要特别重视人们在宗教互动中所处的历史环境。对东南亚华人基督教史的研究能够给我们带来很多启示，我们有必要将影响宗教与社会变革的各种因素进行综合考量，尤其是将它们放置到全球化和比较的视野中进行探讨。

John Sung (*second row, fourth from left*) with brothers and sisters in Solo, Central Java.

图 8.9 宋尚节在中爪哇，1939。芭芭拉·安达亚供图

9

混血的游荡者：查理·罗宾逊与荷印混血社群身份认同的塑造与流变 [1]

主讲人 / 杰罗恩·德伍夫（Jeroen Dewulf）

整理 / 温华翼

1942 年，日本人击败荷兰人，占领了荷属东印度群岛，持续数百年的荷兰殖民统治戛然而止。1945年，日本向盟军投降，印度尼西亚宣布独立。20 世纪

---

[1] 本文为美国学者杰罗恩·德伍夫所作题为"查理·罗宾逊与荷印混血社群身份认同的塑造与流变"讲座的纪要修改稿。主讲人杰罗恩·德伍夫是加州大学伯克利分校日耳曼研究系讲席教授，兼任伯克利国际问题研究所和欧洲研究中心主任，主要研究方向为荷兰殖民与后殖民文学及历史、跨大西洋的奴隶贸易、低地国家文化、日耳曼文学及欧洲政治等。此次讲座是德伍夫教授在北大举办的"殖民、去殖民与后殖民：荷兰视域中的全球史与世界文学"系列讲座的第三场，将视线从欧美转向亚洲的荷兰东印度群岛（今印度尼西亚），从作家查理·罗宾逊（Tjalie Robinson）的作品切入，探讨后殖民背景下印欧混血社群的身份构建及超越民族国家边界的"跨民族主义"（trans-nationalism）。

图 9.1　查理·罗宾逊。杰罗恩·德伍夫提供

五六十年代，印尼政局的剧烈变动迫使大量华侨青年"回到"中国。他们当中有很多人在印尼出生长大，对国内情况知之甚少，在努力适应国内环境的同时，保留了很多在东南亚养成的生活习惯，也带来了极具异域风情的印尼文化，使得《星星索》《梭罗河》《哎哟，妈妈》等印尼传统民歌在国内广为流传。老一辈南方人大多对当地归侨工作的"华侨农场"略知一二，却很少关注这一群体"夹在两个世界间"的复杂情感。与此相似

的是，这一时期，大量在印尼出生的荷印混血人[1]"回撤"欧洲，第一次踏上了陌生的"故土"，经历了类似的挣扎与彷徨。

一、姘居与种族：殖民时期的荷印混血社群

早在 17 世纪，荷兰东印度公司（Vereenigde Oost-Indische Compagnie, VOC）向亚洲派驻的职员与当地女性进行姘居的现象就已屡见不鲜。起初，东印度公司为了避免由这种姘居导致的不可控后果，鼓励雇员只娶一位本土妇女，并让其皈依基督教，同时为他们的子女提供基督教教育。但很快，当局发现这项规定实行起来困难重重，遂放弃了对姘居的严格限制。因此，殖民者在东南亚践行着与在宗主国时完全不同的道德规范。在荷兰，姘居是不道德且受到大众唾弃的，在殖民地却并不罕见。事实上，这种由姘居关系所诞生的混血孩子大多

---

[1]　荷印混血儿也称"土生印欧人"（Eurasin；Indo-Eurapean），主要指荷兰白人父亲与印尼原住民母亲所生的混血儿后代。土生印欧人在荷兰殖民结束及印尼独立后面临着较大身份问题，本文将探讨这背后的内涵。

得不到父亲的认同，他们在法律意义上仍属于原住民的孩子。

虽然姘居在荷属东印度社会已经是一个非常常见的现象，但对于殖民政府的高级官员来说，一个体面的婚姻仍然十分重要。因此，一些位高权重的东印度公司雇员会娶皈依基督教的本地妇女为妻。简·泰勒（Jean Gelman Taylor）在其专著《巴达维亚的社会生活》（*The Social World of Batavia*）[1] 中指出，这种高级官员与本土妇女的婚姻催生了混血社群中的精英阶层，他们往往能在殖民社会中获得较高的地位；更有一些该阶层的佼佼者赴欧洲接受了正统的荷兰教育。正因如此，他们与荷属东印度政府之间的联系尤为紧密，在感情上对欧洲社会也更为认同。

直到 19 世纪，严格意义上由荷兰政府推进的殖民

---

[1]　《巴达维亚的社会生活》一书对荷兰殖民时期巴达维亚（现印度尼西亚首都雅加达）社会中的婚姻模式、宗教、社会组织、性别角色以及经济利益等多个方面进行分析，探讨了以荷兰人为主的欧洲人以及荷属东印度土著在这一过程中受到的文化冲击，作者简·泰勒认为，这样的交融使得巴达维亚形成了一种特殊的、混杂的荷印文化（Indo-Dutch culture）。

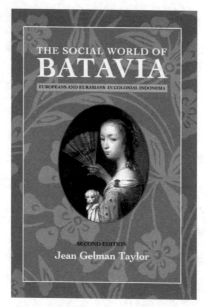

图 9.2　简·泰勒所著《巴达维亚的社
会生活》书影

化进程才在东印度展开。除"宗教"之外,"种族"的
概念和欧洲推动的教化使命(civilizing mission)也开
始大行其道。这种进程进一步巩固了荷兰人在殖民政权
中的优势地位,同时为区分殖民地居民的高低贵贱提供
了标准。正如安·斯托勒(Ann Laura Stoler)在《肉
欲知识与帝国权力》(*Carnal Knowledge and Imperial*

Power）[1]一书中所说，欧洲种族理论在这一时期被不断强化，苏伊士运河开通后大量欧洲女性的到来，也让东印度社会的种族关系更为复杂。

与英国在印度的殖民政策不同，荷兰政府并没有赋予东印度社会的混血群体明确的法律地位。换言之，在法律意义上"荷印混血"群体根本不曾出现，更谈不上是否"被承认为"欧洲人或土著居民了。无论是荷兰人于1848年出台的《一般规定立法》（*De Algemene Bepalingen van Wetgeving*），还是1910年出台的《荷属东印度籍民条例》，都没有对"荷印混血"群体进行定义，这类混血儿可以根据父方对其认同感的多少来确定其身份。[2]殖民当局号召混血群体通过接受殖民教育来

---

[1]　《肉欲知识与帝国权力》一书通过探讨亲密关系（intimacy）相关问题，研究19世纪末到20世纪初荷属东印度的社会状况，特别是探究性与情感在区别不同被殖民群体以及统治者与被统治者关系中的重要作用。值得一提的是，安·斯托勒通过研究指出，这种区分不同群体的行为并非一种良性的社会文化，而是一种强有力的政治手段。这部著作以亲子关系、乳母、仆人、孤儿院以及遭遗弃的孩子为主要研究对象，揭示其对帝国治理的重要作用，并进一步分析为何这类人在历史叙述中常常遭到忽略。

[2]　参见潘玥、常小竹：《印尼土生印欧人的"荷兰人"身份建构：缘起、途径与困境》，《西南民族大学学报（人文社科版）》2018年第1期。

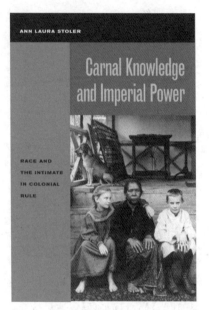

图 9.3　安·斯托勒所著《肉欲知识与帝国
权力》书影

获取"欧洲人"的地位，但在实际操作中，即便一个混
血儿获得了法律上的"欧洲人"地位，他也无法真正获
得社会意义上的平等——在殖民社会中，混血人种依然
会在方方面面受到纯种荷兰人的歧视。

　　然而，并不能因此对荷印混血群体的社会地位
一概而论，因为并非所有混血居民都置身于水深火热

之中。尽管欧洲血统的荷兰人在殖民社会享有诸多特权，但部分精英混血阶层也通过努力构建了发达的社会经济网络，并因此获得了较高的社会地位。正如约瑟夫·康拉德（Joseph Conrad）在小说《阿尔迈耶的痴梦》（*Almayer's Folly*）[1]中提到，肤色并非决定殖民地个体命运的唯一要素，财产、语言与教育同样扮演着重要的角色，这对荷属东印度社会同样适用。

为了弥补种族劣势，荷印混血群体中的大多数人倾向于用夸张的方式"扮演荷兰人"，即对荷兰怀揣一种近乎疯狂的"爱国热情"，同时与本地土著居民划清界限、保持距离。20世纪初，荷兰政府在东印度社会推行"道义政策"（ethical policy），规定土著群体可以通过接受荷兰教育的方式跻身中上层阶级。这让混血群体感受到了前所未有的危机，于是更加积极地投入荷兰的怀抱。20世纪30年代，数千位荷印混血儿加入了荷兰纳粹组织国家社会主义运动（De Nationaal-

---

[1]　《阿尔迈耶的痴梦》是康拉德的第一部小说，小说主人公阿尔迈耶是一位贫穷的荷兰商人，他进入婆罗洲（即加里曼丹岛）寻求金矿，在那里迎娶了他的马来人妻子，并生下混血女儿尼娜（Nina）。小说讲述了荷兰殖民背景下三人错综复杂的关系。

Socialistische Beweging in Nederland, NSB）[1]，希望通过加入这样的右翼政党来强化其"荷兰人"的身份。

荷属东印度社会的种族关系与社会环境远比传统二元对立的"殖民 – 被殖民"范式更为复杂。早在 19 世纪末，部分混血新闻工作者就意识到了自己所属群体在殖民地的尴尬处境，以弗雷德里克·弗纳曼（Frederik K. Voorneman）为代表的知识分子希望效仿新加坡等英国殖民地族群混居的经验，将荷属东印度社会的混血族群联合起来，但这种尝试却以失败而告终。

二、走向流散：跨洲越洋的身份再造

在 1942 年至 1945 年间，日本占领了荷属东印度群岛，日军希望当地混血社群能够效忠日本，认可他们作

---

[1] 荷兰国家社会主义运动受意大利法西斯主义及德国国家社会主义影响，是奉行法西斯主义的政治党派，并在之后发展成为纳粹主义政党。1930 年代，NSB 在荷兰具有较大影响力，并且在"二战"的大部分时间中是荷兰唯一一个合法的党派。该党于"二战"时对德国表示同情，并且建议荷兰在"二战"中保持中立，"二战"结束后，该党因其纳粹主义性质被取缔。

为亚洲"兄弟"的身份。包括查理·罗宾逊在内已取得欧洲人身份的混血知识分子大多拒绝效忠日本，因此被日军发配到不同的集中营里进行劳动改造。在日本短暂的占领结束后，混血群体并未重获自由与宁静，印尼民族主义领袖苏加诺（Sukarno）在 1945 年宣布印尼独立，狂热的印尼青年发起了针对欧洲人的暴力清算，原先亲近荷兰的混血群体也自然而然地成了其重点打击的目标。

同一时期，荷兰本土也刚刚摆脱纳粹德国的占领，亟待重建。荷兰政府本希望殖民地的混血群体能够

图 9.4　二战中印尼妇女和儿童被迫向日本方向鞠躬

来源：https://nos.nl/75jaarbevrijding/bericht/2338196-kamp-tjideng-verlost-van-maanzieke-commandant

自然而然地获得新印尼的公民权，并永远留在他们生长的热带家园。然而，遭到印尼土著青年打击的拥有"欧洲人"身份的混血群体在暴乱中痛失家园，无处可归，被迫逃到欧洲。虽然荷兰政府迫不得已接纳了无家可归的混血群体，却并未给予他们热烈的欢迎，"撤回"到荷兰的混血人种感受到了来自当地居民的排斥。对他们来说，战后的荷兰是一个令人陌生的白人国度，肤色再次成为混血群体需要面对的棘手问题。尽管荷兰政府想尽办法希望他们融入当地社会，但许多人还是难以适应，最终选择二次移民至加拿大、澳大利亚、巴西和美国等地。

20 世纪五六十年代，前往美国的新移民大多是美国官兵在亚洲的配偶，却也有约 25000 名荷印混血儿凭借难民身份前往新大陆。1953 年 2 月，一次严重的洪灾让荷兰政府找到了处理荷印混血人群问题的新办法。在宾夕法尼亚议员弗朗西斯·沃尔特（Francis E. Walter）的积极运作下，数千荷印混血儿登上了荷兰外交官呈递给美国移民局的难民名单，沃尔特本人也因此获得了荷兰皇室授予的殊荣。此后数年，荷兰政府以欧洲的天灾人祸为由将一万多荷印混血儿送往美国。这些"难民"中的大多数定居在南加州地区，那里有着与印尼群岛相似的温热气候。值得一提的是，这些颠沛流离的"难民"迅速在美国找到了生财之道，约三分之一的荷印混血儿在五年内就在居住地购置了地产。

查理·罗宾逊亲身经历了如此辗转三大洲的移民浪潮，对这种跨洲越洋的体验有着异常敏锐的感知能力。这也成了他日后倡导荷印混血社群身份认同再构建的一个重要特征。

三、查理·罗宾逊："两堆干草垛间的小毛驴"

查理·罗宾逊，原名吉恩·伯恩（Jan Boon），1911年出生于荷兰小城奈梅亨（Nijmegen）。他的父亲是荷属东印度军队（Koninklijk Nederlands Indisch Leger, KNIL）的一名军官，母亲则是一名英国–爪哇混血儿。伯恩在芝马墟（Cimahi）和巴达维亚（Batavia，现雅加达）度过了他的童年时光，与大部分享有欧洲人身份的荷印混血不同，他在印尼独立后依然选择了留在当地。

留在印尼的伯恩用笔名"查理·罗宾逊"进行创作，开设了一个名为"游荡者的沉思"（Piekerans van

een straatslijper）的专栏。专栏从一个孩子的视角切入，用嘲讽而无奈的语气描写了雅加达这座城市在印尼独立之后发生的变化，从"巴达维亚"到"雅加达"，不只是名字的变更，也意味着生活方式与文化环境的剧烈震荡。

图 9.5　查理·罗宾逊（Tjalie Robinson，1911—1974）。杰罗恩·德伍夫供图

在另一个专栏"一头小毛驴的故事"（Verhaal over een klein ezeltje）中，罗宾逊更加鲜明地展露出了其内心的矛盾——他就像故事的主人公一般，好似一头徘徊在两堆干草垛之间的小毛驴，选择一方的同时不得不放弃另一方。

图9.6　《游荡者的沉思》书影。杰罗恩·德伍夫供图

对罗宾逊而言，荷兰文化与印尼文化只有联结在一起才有意义。他无法同印尼文化割裂，也无法同荷兰文化彻底告别，这种对文化联结共存必要性的强调也成了他作品的重要特征。在作品集《狩猎心灵》(*The Hunt for the Heart*) [1] 中，他努力颠覆荷兰殖民文学中欧亚混血人群的刻板印象，欧亚混血人群不再是懒惰与柔弱的化身；罗宾逊通过摩托竞速、吉他弹唱、拳击和狩猎等活动凸显混血群体的阳刚之美。他的小说在1958 年获得了"阿姆斯特丹文学奖"，然而彼时许多荷兰文学批评家却认为，罗宾逊小说中的混血男子汉形象有矫枉过正之嫌。

印尼独立后，苏加诺政府同荷兰就巴布亚岛的主权问题展开了激烈的政治对抗，与对抗相伴的是印尼境内日益高涨的反荷情绪，声名鹊起的罗宾逊也因此站在了文坛论战的风口浪尖。他用荷兰语进行创作，同时也

---

[1] 《狩猎心灵》是查理·罗宾逊创作的故事集，包含了查理·罗宾逊创作的十四个故事。在该故事集中，查理·罗宾逊使用的是其另一个笔名 Vincent Mahieu，这一带有法语痕迹的笔名也体现了查理·罗宾逊对其欧洲身份的认同。查理·罗宾逊与第三任妻子居住在加里曼丹岛时创作了许多故事，这些故事分别收集于 *Tjies*（1958）和 *Tjoek*（1960）两部合集中。《狩猎心灵》即是这些故事的选集。

有诸多印尼语译作问世，这也使得他的作品比一般荷兰语作家具有更大的影响。罗宾逊认为，许多印尼作家的创作态度是自相矛盾的：一方面，他们主张去除荷兰文化的影响；另一方面，他们的写作范式却都植根于西方范式。此外，罗宾逊认为，印尼民族主义作家过度关注爪哇岛上的大城市，忽视了印尼外岛乡野中的本地元素。这种带有挑衅色彩的批判自然在印尼文坛激起了轩然大波，罗宾逊与这些作家间的矛盾也日趋尖锐。

1950 年后，荷兰文化在印尼遭到更多的排斥和抵制，罗宾逊也着手准备前往欧洲。1954 年，备齐了各种文件的罗宾逊终于决定前往荷兰，在阿姆斯特丹生活了一段时间之后又搬到了海牙。由于海牙是与印尼联系最为紧密的城市，罗宾逊在这里似乎能勉强找到那种身处两种文化之间的熟悉感。

1957 年，罗宾逊加入《我们的桥梁》(Onze Brug)杂志社，其出版的月刊旨在留守印尼与撤回荷兰的混血群体间搭建起沟通的桥梁。1958 年，他将这份杂志更名为《咚咚》(Tong Tong)，"Tong Tong"取自紧急情况到来时敲打空心树干所发出的声音。到 1961 年，这份起初只有 400 余位读者订阅的杂志发行量超过了

11000 份。《咚咚》的早期定位是荷兰唯一属于荷印混血社群的杂志，但在 1961 年，罗宾逊雄心勃勃地将"荷兰唯一"宣传为"世界唯一"，希望通过共同的文化将流散在世界各地的荷印混血群体联系起来，而这本杂志就是他最为重要的发声平台。1962 年，罗宾逊夫妇前往美国，创立了美国版的《咚咚》，并在南加州生活了四年，直到其因为心脏问题返回荷兰直至辞世。

图 9.7 《咚咚》杂志内页。杰罗恩·德伍夫供图

四、"混血新人类"：去地域化的身份认同

罗宾逊在荷印混血社群中提倡去地域化的身份认同（de-territorialized identity），其直接原因是荷属东印度的消失。印尼独立后，因各种原因撤回到荷兰的欧亚混血群体深刻地意识到他们与本土荷兰人存在着显著的区别。在罗宾逊看来，这种意识的产生意味着荷印混血社群逐步走向了一种全新的集体身份认同方式。另一方面，荷属东印度的终结意味着混血人群获得了真正的自由，他们得以从往日对荷兰文化进行盲目模仿的桎梏中走出来。

为了给这种新的身份认同赋予足够的历史厚度，罗宾逊将最早来到印尼群岛的殖民者称作"伟大的先驱"，称这些人打破了东方与西方的藩篱，是印欧混血的共同祖先，而新时代的荷印混血人种则是"另一种荷兰人"。罗宾逊在知识谱系上借鉴了尼采的"超人理论"，认为诞生于东西方之间的欧亚混血就是属于未来的"新人类"（new man）。这种将混血群体诠释为"新人类"的理论并非罗宾逊原创，来自荷属圭亚那（今苏里南）的作家阿尔伯特·赫尔曼（Albert Helman）在1926年就对外宣称新人类的时代已然降临。

罗宾逊也从加勒比及巴西文学中获得了关于混血群体身份认同的启示。他将巴西社会学家吉尔贝托·弗雷雷（Gilberto Freyre）视作思想导师，将混血身份与殖民遗产视作构建一种全新文化认同不可或缺的要素。巴西与荷属东印度在种族构成及殖民历史上有诸多相似之处，却也存在明显差异，因此罗宾逊虽然对弗雷雷称赞有加，但并未照搬他的理论。罗宾逊试图构建一种超越国家（巴西）与地域（加勒比）的身份认同，在散布全球各地的荷印混血人群中打造出一种"真正普世且国际化的和平"。在罗宾逊的理论里，混血"新人类"是没有家的。消散在历史烟尘里的荷属东印度殖民地，让这些欧亚混血永远失去了家园，但他们并不需要为这种无家可归羞愧神伤，因为混血群体在各地漂泊过程中展现出的流动性与适应能力是他们可以引以为傲的特点。

与一些同样主张跨地域混杂性理论的学者不同，罗宾逊对"混杂性"（hybridity）的解释并不是完全反本质主义（anti-essentialism）的。他的乌托邦不需要通过消除反映本质主义的一切事物就能实现——混血群体间的身份认同并不需要排斥或压倒本质主义的存在。在他看来，黏合起这种身份认同的既不是一种特定的肤色，也不是既定的地理疆域，而是带有一定本质主义特性的"身份标识"（identity markers），例如对荷兰与马来世界的基本了解、对混血群体的积极态度、对荷印混血群体文化与政治史的研究兴趣，等等。

许多在美国出生的第二代荷印混血只接受了英文教育，不具备荷兰语和印尼语基础，因而无法阅读罗宾逊的作品。罗宾逊也因此意识到了文化消退的危险，他甚至主张采取本质主义的手段去抵制这种趋势。比如，他主张限制帕萨迪纳市荷印混血社群的规模，限制其与非混血群体通婚，希望以此保留当地混血群体的独特性。这些主张激起了许多情绪化的争论，也终究没有达到罗宾逊所期待的结果。

五、余音：荷兰混血复兴运动与罗宾逊的葬礼

20世纪四五十年代，荷兰主流社会对荷印混血社群的接纳程度远低于美国，但这一情况在60年代却发生了转变。当时，超过50万名外籍劳工从南欧、土耳其、摩洛哥等地涌入荷兰，70年代又有约30万名苏里南移民迁入荷兰，这使得荷兰的人口结构和种族构成发

生了显著变化，荷兰由一个单一种族社会过渡成为一个多元种族社会，这一转变也让荷兰社会中的多元文化得以蓬勃发展。

同时，印尼第二任总统苏哈托（Suharto）上台后，荷印之间的政治对抗氛围得以缓解，两国关系逐步走向正常化。对荷兰人来说，昔日的殖民地变成了一个充满热带风情的旅游目的地，保持并巩固与印尼的纽带也变成了荷兰社会的一种新风尚。多元文化的发展与荷印关系的正常化，让在荷兰出生的第二代荷印混血采取了与他们父辈截然不同的生活态度。他们为自己的混血身份感到骄傲，同时批判父辈对同化政策的逆来顺受。

这样的文化变迁也体现在文学领域。1978年，罗伯特·纽温豪斯（Robert Nieuwenhuys）[1] 创作了文学史专著《东印度之镜》（Oost-Indische spiegel），第一次将与东印度相关的文学作品作为特定类别进行研究。十年之后，第二代荷印混血作家在荷兰文坛崭露头角，他们的作品展现了他们与父辈之间的认知差异，父辈所经

---

[1]　罗伯特·纽温豪斯（1908—1999）是与查理·罗宾逊年纪相仿的荷印混血儿，日占期间，他与罗宾逊被关在同一个集中营，与罗宾逊同一小组。

历的思乡之情、殖民创伤及在回撤中遭受的冷遇，对他们来说，不过是一场不时听闻却从未经历过的梦。

在这场"混血复兴运动"（Indo revival）中，罗宾逊的影子随处可见。在今天的荷兰，荷印混血社群身份的文化构成要素几乎全都是由罗宾逊首倡的，例如在

图 9.8 《东印度之镜》书影。杰罗恩·德伍夫供图

图 9.9　荷兰海牙一年一度的"咚咚文化节"(Tong Tong air)。
杰罗恩·德伍夫供图

海牙举办的世界上规模最大的印欧集市"咚咚文化节"
(Tong Tong Fair)。但第二代欧亚混血人群并不能接受
罗宾逊对荷兰殖民先驱的美化,因为他们已经不需要从
数百年前的殖民者那里寻找自己的历史根基。此外,他
们基本支持罗宾逊的身份认同态度,赞同在荷印混血社
群之间构建值得自豪的情感文化纽带。

尽管罗宾逊做出了诸多努力，但荷兰社会对于混血社群的种种偏见与刻板印象仍然长期存在。在罗宾逊离世后，一家荷兰电视台将他称作"怀旧的殖民者"，且认为他是西班牙一个反动的荷印混血社区的始作俑者。但事实上，该社区的创立并非由罗宾逊一手策划，他在提出动议后很快就放弃了。有趣的是，当罗宾逊的儿子按父亲的要求将他的骨灰带回印尼时，这位"怀旧的殖民者"受到了印尼各界人士的热情欢迎，并获得了最高规格的礼遇。1974 年 7 月 31 日，在印尼机动警察部队和七艘海军快艇的护送下，罗宾逊的骨灰被撒进了雅加达附近的海湾之中。

10

探索连接的宗教：修士孙大信的个案研究 [1]

主讲人 / 菲利普·博尔内（Philipppe Bornet）

整理 / 熊艺

一、从"比较的宗教"到"连接的宗教"

1978 年，爱德华·萨义德（Edward Said）出版的《东方学》(*Orientalism*) 一书开启了后殖民研究的浪潮。《东方学》批判欧洲的东方学传统加剧了西方和东

---

[1] 本文整理自学术讲座——"探索联接的宗教：修士孙大信的个案研究"（Explorations in Connected Religion: the Case of Sadhu Sundar Singh）。主讲人菲利普·博尔内博士为瑞士洛桑大学（University of Lausanne）南亚语言和文明系副教授，他目前的研究侧重于印度和欧洲之间的互动，尤其是 20 世纪初瑞士传教士在南印度地区的活动。孙大信本名 Sundar Singh（孙达尔·辛格），出身于印度锡克人家庭，后归信基督教并赴南亚、东南亚以及中国、日本等国传教，被华人基督徒称作"孙大信"。

方（主要是伊斯兰世界）之间的不平等权力关系。基于东方学的批判，近年来产生了针对研究其他文化学者身份的问题：学者在研究自身所不属于的传统时，如何避免陷入"东方学"和欧洲中心主义的陷阱？学者如何避免简单"复制"自身所熟悉的宗教与文化群体的内部视角？是否能在跨文化的研究中使用同一尺度？

比较研究是能够回答上述问题的一种方法，它通过比较，试图建立适用于研究不同文化的同一尺度。米尔恰·伊利亚德（Mircea Eliade）的《比较宗教的范型》（*Patterns in Comparative Religion*）便是"比较的宗教"的代表作；近几年，比较宗教研究的代表作品有芭芭拉·霍尔德里奇（Barbara Holdrege）的《吠陀与托拉》（*Veda and Torah*）和布鲁斯·林肯（Bruce Lincoln）的《苹果与橘子》（*Apples and Oranges*）等。[1]

---

[1] 《比较宗教的范型》于 20 世纪中叶问世，通过比较世界各地的神话，总结出原始宗教的基本模型；《吠陀与托拉》比较了吠陀和托拉这两种分属于不同宗教传统的经典，阐明了宗教经典不仅是文本，还是宗教与文化生活的组成部分；《苹果与橘子》讨论了萨满、狼人、人祭、末日预言等内容，主张研究对象不宜过多，且对相似性与差异性给予同等关注。

不管是在宗教还是历史的研究领域，近年来比较研究都受到了一定的批判，因为一些比较研究忽视了历史的维度，或是将比较的对象固化；与此同时，历史学研究中涌现出了"跨国史""纠缠的历史""文化转向"等新的研究动向。在历史学研究出现的新方法中，"连接的历史"（connected histories）是极具启发意义的。这一概念由桑贾伊·苏布拉马尼亚姆（Sanjay Subrahmanyam）与塞尔日·格鲁金斯基（Serge Gruzinski）提出，指重新连接被历史编撰者的偏好（尤其是民族主义的）所人为分离的材料。这种研究方法需要学者联接在不同地理空间发生的事件或不同地区对同一事件的记录。

"连接的历史"有以下特征：（1）聚焦于微观历史，并将其重新置于更大的全球的架构之中。"联接的历史"与"世界史"或"全球史"不同，因为它不致力于用普遍的（通常是传播论的）叙事方法来书写单一事件；"联接的历史"也区别于地方史，因为它注重在更大的环境中研究个体。（2）关注在各种交流的情况中发生的变化，通常在传记的层面上下工夫，考察在不同语境中的思想、实践是如何被修改与重新赋予意义的。（3）通常需要分析多个语境，以此来阐明运动中某一事物或人物的不同地区维度。

"连接的历史"能对宗教研究有所启发，因为宗教研究与历史研究面临着相似的困境，尤其是在比较研究中人为创造的边界。"连接的宗教"并不是对比较的宗教的否定，而是更注重考察记录同一历史人物或事件的不同材料，这些材料在不同的语境中能产生不同的影响。"连接的宗教"更关注变动，需要从不同角度考察和分析多个语境。本章聚焦印度修士孙大信（Sadhu Sundar Singh）。他生活在 19—20 世纪，该时期也属于东方学及后殖民研究主要关注的时期，因此研究修士孙大信的方法不可避免地与东方学及后殖民研究相遇。

二、修士孙大信的多面人生

在 20 世纪 20 年代，来自北印度的基督教修士孙大信是名噪一时的人物，其声名可与泰戈尔和甘地相提并论。在澳大利亚画家克里斯蒂安·玛乔丽·沃勒（Christian Marjory Waller）于 20 世纪 30 年代创作的玻璃画中，位于右侧的人物是孙大信，他得以和先知以塞亚（左）、使徒圣彼得（中）这两位圣经人物并列，这能够说明孙大信在全世界的盛名。

虽然孙大信在当时享誉世界，但他尚未得到学界的充分研究。目前，学界只有两本研究孙大信的著作，一本是英国学者埃里克·夏普（Eric Sharpe）于2003年出版的《修士孙大信之谜》（*The Riddle of Sadhu Sundar Singh*），另一本是美国学者蒂莫西·多贝（Timothy Dobe）于2015年出版的《印度的基督教托钵僧》（*Hindu Christian Faqir*）。[1] 关于孙大信这一人物的研究还存在很大的提升空间，因为关于他的记录散布在世界各地，且由多种语言写作，包括乌尔都语、英语、马拉雅拉姆语、泰米尔语、德语、法语等。这一现状要求汇集各种材料，凸显了"联接的历史"与"联接的宗教"的必要性。

在构建孙大信的生平时，我们应当注意，研究者所依赖的文献是能被特定群体所接受的文献。根据一般

---

[1]　《修士孙大信之谜》介绍了修士孙大信的生平，阐释了他的宗教思想，解构了西方基督教徒对他的浪漫想象；《印度的基督教托钵僧》研究了与孙大信和拉马·蒂尔塔有关的乌尔都文材料，揭示了地方性的伊斯兰教苏非托钵僧在印度教和基督教之间的桥梁作用。

图 10.1　先知以塞亚（Prophet Isaiah）、使徒圣彼得（Apostle St Peter）、孙大信。菲利普·博尔内供图

的叙述，1889 年，孙大信出生在旁遮普地区帕蒂亚拉
（Patiala）土邦的兰布尔村（Rampur），他的家族属于贾
特锡克人。孙大信的母亲坚持用传统的方式教育他，延
请了一位梵文学者和一位"老锡克修士"来当他的老师。
1903 年，在母亲与兄弟逝世后，孙大信被送到兰布尔
的美国长老会学校，他反抗基督教的制度框架，甚至烧
毁了《圣经》。孙大信在自传中写道，他对自己的行为
感到十分懊悔，渴望找到精神的道路，而此时耶稣显
现，劝他皈依基督教。之后，孙大信被父亲逐出家族，
前往卢迪亚纳（Ludhiana）的美国教会学校。他不喜欢
教会学校的制度，遂前往萨巴图（Subathu）的山区。
1905 年，他在西姆拉（Shimla）受洗。

在萨巴图，孙大信结识了美国传教士塞缪尔·埃文
斯·斯托克斯（Samuel Evans Stokes），后者当时正致力
于效仿亚西西的圣方济各（St. Francis of Assisi）过禁
欲的生活。除斯托克斯外，孙大信还结交了苏格兰传教
士 C. F. 安德鲁斯（C. F. Andrews）。三人共同创立了效
法耶稣兄弟会（Brotherhood of the Imitation of Jesus）。
尽管这一团体坚持声称自己是非政治的，但其成员的经
历并非如此：安德鲁斯后来参与了印度独立运动，还在
泰戈尔于和平村创办的学校执教；斯托克斯在 1911 年

放弃禁欲生活，并与一位印度女子结婚，他先加入拉拉·拉杰帕特·拉伊（Lala Lajpat Rai）的阵营争取印度独立，后来又转而支持雅利安社（Arya Samaj）；孙大信本人没有直接参与政治，但在教会学校的反抗行为也体现了他对西方国家带来的制度的厌恶。

1908 年，孙大信离开效法耶稣兄弟会独自讲道。一年之后，他被邀请前往拉合尔的圣约翰神学院（St John's Divinity School）学习，但他再一次放弃了自己的学业。在此期间，他阅读了《师主篇》（*Imitatio Christi*）等基督教经典。由于他不精通英语，所以他读的版本很有可能是乌尔都文。

1910 年到 1917 年间关于孙大信生平的记载寥寥。从 1913 年起，他向卢迪亚纳的一本乌尔都语基督教杂志《光芒四射》（*Nur-i Afshan*）定期寄信投稿，在信件中讲述了与凯拉什大仙的交流，称这位三百多岁的大仙领导着一支基督教的隐士团体。1916 年，孙大信结识了基督徒阿尔弗雷德·扎希尔（Alfred Zahir），扎希尔通过出版介绍孙大信的书籍，提升了孙大信的名望。扎希尔在书中称孙大信是"基督教的修士或云游的托钵僧"（a Christian Sadhu or itinerating friar），他用"修士"（sadhu）这一词源为梵语的称呼来翻译乌尔都语中的"托钵僧"（fakir）一词，由此孙大信在出版物中第一次被冠以"修士"的身份。一般来说，"sadhu""friar"和"fakir"适用的语境分别是印度本土宗教、西方天主教和伊斯兰教苏菲派，三个词语都反映了孙大信在制度边缘的位置，一定程度上能够预示后来孙大信超脱于基督教的组织体系的特点。

1918 年，在一个圣公会使团的支持下，孙大信赴印度南部和斯里兰卡传教，然后前往日本与中国。在此期间，基督教组织也试图将孙大信纳入自身的体系，比如，伦敦宣道会（London Missionary Society）成员丽贝卡·帕克（Rebecca Parker）将孙大信的事迹汇编成书（*Sadhu Sundar Singh, called of God*），此书最开始用马拉雅拉姆语写成，主要面向特立凡得琅的女性受众，后来被翻译成英语等语言，流传甚广。瑞士的法语版本的副标题使用了"使徒"（apostle）一词，即对印度的"修士"施以"使徒"这一基督教的框架，将孙大信塑造为使徒的形象。

1920 年，孙大信首次造访欧洲，前往英国、法国与爱尔兰传教，随后远渡重洋至美国和澳大利亚。1922

年，孙大信再次赴欧洲传教，在耶路撒冷朝圣后，他到达瑞士并停留一个月，随后赴德国、瑞典和荷兰传教。1923年至1929年，孙大信在萨巴图开办学校。1929年4月，他前往中国西藏传教，之后再无音讯。

三、孙大信的瑞士之行

　　1922年在瑞士的传教活动是孙大信多面人生中的一个重要片段，对于这段经历，首先需要理解其错综复杂的背景。譬如，孙大信宣扬人与神的直接联系，这符合南亚苦行者或圣人的虔诚形象。当时欧洲流行着一种认为基督教是东方宗教的观念。据称，耶稣曾在印度生活过一段时间，因而基督教是东方的宗教。孙大信宣称《约翰福音》是印度教经典《薄伽梵歌》的来源，这一观点显然是错误的，但体现了将基督教看作东方宗教的思潮。孙大信的形象与东方的耶稣非常类似，时人记述道，他背靠石柱演讲，双手交握，很容易让人联想到耶稣的画像。此外，19世纪和20世纪存在印度宗教名人去往世界各地的现象。在孙大信前往欧洲旅行的同一时期，辨喜和拉玛·蒂尔塔等印度思想家也到印度之外传递他们的思想。

Sundar Singh in a Swiss church (unidentified), 1922

Eugène Burnand (1850-1921), "Go forth into all the world and preach the gospel to all creatures" 1915, painted for the centenary of the Basel Mission

图 10.2　作为东方耶稣的孙大信。菲利普·博尔内供图

在欧洲之旅中，孙大信也试图传达一些信息。他强调祈祷的重要性与个人和神之间的直接联系，这样一来，作为人与神的中间人的牧师变得不再必要；孙大信还传达了印度的业报观念，他认为应该通过行动从各种罪恶中解脱出来，而不是寻求对罪恶的宽恕；对于西方盛行的物质主义，孙大信提出了尖锐的批评，他在演讲中指出西方人大多只追逐自己的乐趣，而东方的人们却经常去神庙祭拜，对神充满了虔诚。由此可见，实际上孙大信传达的信息已经超越了他的欧洲之行的组织者的意图。

对于孙大信这位来自东方的基督教修士，欧洲社会各群体的反应是不同的。总体来看，他对欧洲人具有很强的吸引力，受到了广泛的欢迎。以瑞士为例，福音派认为孙大信能够传达他们自身的主张，使基督教变得更加纯洁，至今瑞士的福音派仍不断出版孙大信的传记。斯维登堡派也利用孙大信来增强自身的权威，在他们看来，人们聆听孙大信的演讲，能够说明他们对斯维登堡派唯灵论观点日渐感兴趣。瑞士洛桑的斯维登堡派在杂志中详细描述了孙大信的到访，将他与斯维登堡派的创始人斯维登堡相提并论。但也有一些人将孙大信看作骗子，神学家奥斯卡·菲斯特（Oskar Pfister）就是其中之一，他试图用精神分析的方法揭露孙大信的骗局。批评孙大信是骗子的声音具有一定的影响力，甚至促使孙大信的欧洲之行的组织者向斯托克斯写信询问。

从孙大信的具体案例中可以归纳出三个要点：首先，孙大信的身份是复杂的，不能简单地将他视为基督教传教士或骗子，还应该将他置于南亚的传统中进行考察，例如南亚的虔诚运动；其次，孙大信利用基督教组织来传达反对宗教组织的观念，这超越了他的瑞士之行的组织者的意图；最后，20世纪初，西方的各类宗教运动迅速发展，对孙大信的反应充满了多样性。如果我们不考虑多种语境、考察各类记录，就无法理解孙大信的多样现象。他的生平、观点、形象，以及人们对他的反应都明显超越了基督教的框架，这也是需要用连接的宗教来进行研究的原因。

11

从欧洲的中心出发：
波兰视角下的南亚研究 [1]

主讲人 / 达努塔·斯塔西克（Danuta Stasik）

整理 / 詹丹妮

现代的南亚研究起源于欧洲的印度学（Indology）。自 18 世纪开始，威廉·琼斯（William Jones）[2]、亨

---

[1] 本文为欧洲南亚学会会长、波兰华沙大学东方学院南亚学系达努塔·斯塔西克教授的讲座总结，主题为"从欧洲的中心出发：波兰视角下的南亚研究"（From the Centre of Europe: A Polish Perspective on South Asian Studies）。斯塔西克教授现为波兰华沙大学（University of Warsaw）东方学院南亚学系系主任，现任欧洲南亚学会会长（European Association for South Asian Studies）。其研究领域包括印地语文学史和文学批评、印地语文学中的罗摩衍那传统、西方的印度流散等。

[2] 威廉·琼斯（William Jones，1746—1794）：英国著名东方学家、语言学家，曾在印度担任英国殖民政府法官。他提出了印欧语系的假说，是历史比较语言学的奠基人。

利·托马斯·科尔布鲁克（Henry Thomas Colebrooke）[1]等欧洲学者开始对印度的语言、文化、宗教等领域展开系统性研究。在以往的研究中，人们往往更为关注英国、德国、法国等国家印度学以及南亚研究的发展历程，而较少提及其他欧洲国家的贡献。达努塔·斯塔西克（Danuta Stasik）的研究题为"从欧洲的中心出发：波兰视角下的南亚研究"（From the Centre of Europe: A Polish Perspective on South Asian Studies），考察了波兰南亚研究的学科发展脉络。在地理意义上，波兰位于欧洲的中心。另外，波兰也介于东方和西方之间，是东西方文化的交汇处，由此发展出了不同于英法等国的独具特色的南亚研究。

一、波兰与南亚地区的交流史

历史上波兰和南亚地区的接触最早可以追溯到15—16世纪。印波交流史上的第一人是来自波兰的波兹南犹太人加斯帕·达·伽马（Gaspar da Gama, 1450—

---

[1] 亨利·托马斯·科尔布鲁克（Henry Thomas Colebrooke, 1765—1837）：英国著名东方学家，被认为是欧洲历史上第一个大师级的梵语学者。

1510），据称他了解印度的语言和文化。1498 年，著名航海家瓦斯科·达·伽马（Vasco da Gama）率领船队开辟从欧洲到印度的新航线时，加斯帕·达伽马是他的顾问和翻译。另一位重要人物是曾任波兰驻奥斯曼帝国大使的波兰贵族埃拉兹姆·克雷特科夫斯基（Erazm Kretkowski, 1508—1558）。根据他的墓志铭记载，他曾远航印度，并亲眼见到了湍流不止的恒河。第三位重要人物是波兰贵族克日什托夫·帕夫洛夫斯基（Krzysztof Pawlowski, ?—1603），他曾于 1596 年到达印度，并从果阿向波兰的克拉科夫（Kraków）寄了一封记载了果阿当地风土人情的信件，这也被认为是最早用波兰语描述南亚次大陆的文字记录。

然而，在波兰和南亚地区产生接触的近三个世纪后，波兰学者才开始对印度产生学术兴趣。语言学家瓦伦蒂·斯科罗霍德·马耶夫斯基（Walenty Skorochód Majewski, 1764—1835）和历史学家约阿希姆·莱莱韦尔（Joachim Lelewel, 1786—1861）是其中的代表人物。马耶夫斯基是一位自学成才的梵语学家，他出版了第一部用波兰语写成的梵语和土耳其语语法研究著作。他在其作品中指出梵语和斯拉夫语，特别是和波兰语具有亲缘关系。他最重要的作品《关于斯拉夫人和他们的亲

图 11.1　著名航海家瓦斯科·达·伽马，他也是波兰人加斯帕·达·伽马的教父（godfather）
来源：https://pt.wikipedia.org/wiki/Vasco_da_Gama#/media/Ficheiro:Vasco_da_Gama_-_1838.png

属》(*O Sawianach i ich probratymcach*) 于 1816 年出版，这也是第一部有关梵语的波兰语著作。[1] 莱莱韦尔曾任教于维尔纽斯大学 (the Vilnius university) 和华沙大学 (University of Warsaw)。他的著作《古印度史：重点考察其对西方的影响》(*Dzieje staroytne Indji ze szczególnem zastanowieniem si nad wpywem jaki mie moga na strony zachodnie*) [2] 于 1820 年出版。这是第一部关于南亚次大陆的波兰语

---

[1]　《关于斯拉夫人和他们的亲属》是马耶夫斯基的第一本书，该书主要研究各个斯拉夫民族的起源，并论证欧洲本土斯拉夫人的语言与梵语之间的亲缘关系，他认为，每一个梵语单词都可以在波兰语（或者更广泛地说，在斯拉夫语中）中找到一个发音相似、意义趋同的对等词。另外作者也探讨了古代印度人和伊朗人与古代斯拉夫人在习俗、仪式、法律、神灵之间的巨大相似性。参见 Agnieszka Kuczkiewicz-Fraś, "Polish-Sanskrit Kinship in the Eyes of Walenty Skorochód Majewski, the Pioneer of Polish Research on Sanskrit", Carmen Brandt & Hans Harder (eds): *Wege durchs Labyrinth: Festschrift zu Ehren von Rahul Peter Das*. Heidelberg-Berlin:2020.

[2]　《古印度史：重点考察其对西方的影响》参考了德国历史学家阿诺德·海伦（Arnold Heeren）撰写的《世界古代国家史》中关于印度的章节，并补充了一些关于印度和西方思想之间的关系，以及古希腊人和罗马人对印度的认识。参见 레나타체칼 스카, "Among Strange Peoples, in Foreign Temples We Would Learn to Respect Ourselves - Images of Distant Cultures in Early Polish Accounts of Tibet, India and Korea", 언어와문화, vol.15,4 (2019):1-23。

著作，也体现了作者对印度的迷恋。有学者认为，莱莱韦尔是"在印度文化和宗教中看到通往东方智慧之路的浪漫主义者"。几十年后梵语被纳入波兰大学的教学体系，成为波兰印度学的奠基学科。

图 11.2 《关于斯拉夫人和他们的亲属》书影
来源：https://polona.pl/item/633219/2/

进入 19 世纪，波兰被沙俄帝国、普鲁士王国和奥地利的哈布斯堡王朝瓜分，因此这时并不存在独立的"波兰印度学"，波兰这片土地上的印度学更多是作为 19 世纪的欧洲，特别是法语和德语国家印度学的一个分支存在。尽管 19 世纪下半叶波兰学者对梵语产生了学术兴趣，但是直到 19 世纪末 20 世纪初波兰在这一领域的学术传统才真正形成。这一阶段的代表学者有曾任教于雅盖隆大学（Jagiellonian University）的安德热·加夫隆斯基（Andrzej Gawroński，1885—1927）、海伦娜·威尔曼 - 格拉博夫斯卡（Helena Willman-Grabowska，1870—1957）和华沙大学的斯塔尼斯拉夫·沙耶尔（Stanisaw Schayer，1899—1941）。

二、波兰的印度学以及现代南亚研究：
以华沙大学为例

华沙大学的印度学传统可以追溯到波兰恢复独立的 1918 年。当时，以音位理论闻名于世的著名语言学家博杜恩·德·库尔德内（Baudouin de Courtenay，1845—1929）开始在华沙大学教授印欧比较语法，梵语由此成为华沙大学的课程之一。[1] 然而，华沙大学印度学系的正式建立应当归功于斯塔尼斯拉夫·沙耶尔教授。他是华沙大学东方学院的创始人，并于 1932 年担任第一任院长。从建院之初，印度学系便是该学院最重要的系科之一。起初，印度学系只教授梵语以及与古代印度有关的科目（尤其是哲学），但不久之后便开始教授南亚地区的现代语言。在沙耶尔教授的带领以及来自加尔各答的学者希兰莫伊·戈沙尔（Hiranmoy Ghoshal，1908—1969）的协助下，印度学系于 1935 年开设孟加拉语课程，并在此后的 1938 年开设了印地语课程。得益于沙耶尔教授对佛教和印度哲学的深入著作，该系在短短七年时间内便一跃成为欧洲著名的印度研究中心。

第二次世界大战期间，纳粹军队占领了波兰，所有大学被迫关闭。1939 年 9 月，东方学院的大楼、图书馆及藏书在一次空袭中被烧毁。沙耶尔等许多知名教授和学者也在"二战"中去世。1945 年，华沙大学恢复办学，但是直到 1953 年印度学系才恢复运作。

---

[1]　库尔德内是现代音位学的先驱，认为语言是心理社会现象，语言学家们除了要从发音和音响等生理、物理的角度对语言展开分析（音素），还要从形态学和构词法的角度分析语言的功能属性（音位）。

尤金尼乌兹·苏兹凯维奇（Eugeniusz Suszkiewicz）教授被任命为系主任，格雷娜·斯皮查尔斯卡（Grayna Spychalska）担任其助理。复学之初，印度学系开设的课程基本与佛教和印度古典文化相关。1955 年开始增设印地语和乌尔都语。这主要归功于阿列克谢·P. 巴拉尼科夫（Aleksei P. Barannikov）教授的学生、毕业于列宁格勒大学（University of Leningrad）的塔蒂安娜·鲁特科夫斯卡（Tatiana Rutkowska，1926—2002）。1957 年，希兰莫伊·戈沙尔教授重新回到波兰，继续在华沙大学教授梵语、孟加拉语以及其他科目。1972 年，拉马纳坦·孙达拉姆（Ramanathan Sundaram）博士将泰米尔语引入华沙大学。由于研究时段和研究领域不断拓展，1996 年该系更名为南亚学系。目前，华沙大学东方学院南亚学系提供印度学的学士和硕士课程，开设梵语、印地语、孟加拉语和泰米尔语等课程。同时，该系也设置博士培养项目。课程内容涵盖不同学科，研究时段跨越古今。华沙大学东方学院南亚学系现已成为波兰乃至欧洲的南亚研究重镇。

华沙大学是波兰的印度学以及现代南亚研究的重要阵地，而跳脱出波兰本土印度学的视角，更为广泛的欧洲框架也同样值得予以关注，欧洲南亚学

图 11.3　华沙大学东方学院的院徽，下方的拉丁文 "Ex oriente lux" 意为 "光从东方来"

会（European Association for South Asian Studies） 是其中的代表。欧洲南亚学会是一个公益性学术团体，旨在促进欧洲所有国家的南亚研究。该协会拥有来自世界各地的会员 1500 多名，负责举办欧洲南亚研究会议（European Conference on South Asian Studies，简称 ECSAS）以及相关系列研讨会、主持南亚研究领域的相关出版物、组织博士生研修班、培养欧洲青年学者等。1966 年，著名历史学家、协会创始人兼首任主席迪特马尔·罗瑟蒙（Dietmar Rothermund）教授在德国的黑森林（Black Forest）召开了第一次非正式会议，标志着欧洲南亚学会的成立。1968 年起，该协会开始定期召开"欧洲现代南亚研究会议"（European Conference on Modern South Asian Studies）。随着后来研究时段和领域不断拓宽，从 2012 年起该会议正式更名为"欧洲南亚研究会议"（European Conference for South Asian Studies）。第 26 届欧洲南亚研究会议于 2021 年 7 月 26 日至 29 日在奥地利维也纳召开。

三、印度学与东方学、语文学的关系

"印度学"（Indology）这一学术概念经过了较长时间的演变，它被认为是由"东方学"（Orientalism）延伸而来的概念。为了系统讨论南亚研究的发展演变，首先有必要梳理"东方学"这一术语概念的变迁。在英语国家以及南亚地区，这一术语实际上已经与后殖民理论和话语密不可分。爱德华·萨义德（Edward Said）认为"'东方学'是一种根据东方在欧洲西方经验中的位置而处理、协调东方的方式"。东方被认为是他者，与理想的、优越的西方相对立。在萨义德的分析中，"西方"（的东方学）主要指 19 世纪和 20 世纪早期法国和英国的东方经验以及当代美国的东方学。

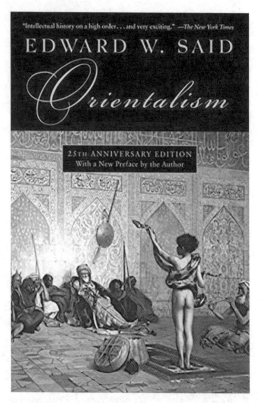

图 11.4 爱德华·萨义德《东方学》书影。封面图片是法国画家让－莱昂·杰罗姆（Jean-Léon Gérme）1870年的画作《耍蛇人》（*The Snake Charmer*）。这幅画作融合了多种不同国家的文化元素，展现了欧洲画家对伊斯兰文化世界的主观臆想，被认为恰好契合了萨义德探讨的东方主义议题

萨义德并没有将印度纳入其分析范围，但他对东方学的批判性分析引发了对"印度学"这一概念的讨论，并使这个术语饱受争议，因为印度学研究被认为展现了西方世界对印度的刻板想象，并与意图统治印度的殖民话语相一致。上述争论主要发生在西方世界的英语国家，而波兰的情况则略有不同。由于波兰和印度没有直接的殖民接触，因此波兰与其邻国捷克相似，对印度的认知基于同一性（identity）而非他者性（otherness）或差异（difference）。[1] 波兰通常以平等

[1]　马丁·赫里贝克（Martin Hříbek）的文章探讨了捷克的印度学研究的特点。他认为，各国国内的政治话语和政治目标的不同导致各国的印度学研究呈现出不同特点。英国的印度学是在殖民印度的大背景下发展的，将印度视作他者，试图将印度塑造成一个次等国家；德国的印度学在强调德国与印度的同一性的同时，也展现出一定的优越感，德国学者认为尽管印度过去存在着灿烂的文明，但现在已在衰落，而德国将继承这种辉煌文明并不断发展。而在捷克的案例中，对印度的认知和阐释不是基于差异，而是基于同一性和平等。因为这样做更有利于捷克的民族主义事业。一方面，捷克的民族主义者通过比较梵语与日耳曼语系、斯拉夫语系的相似程度，来证明斯拉夫人与印度的关系比日耳曼人更密切，以反抗当时德国的文化统治。同时，他们也对印度及其民族自决运动持正面态度，因为两国在同一时期都面临着反对外国压迫的斗争，天然形成的亲和观念是这种平等和命运共同体意识的基础。参见：Martin Hříbek, "Czech Indology and the Concept of Orientalism", *Acta Universitatis Carolinae-Philologica 1* (2011): 45–56.

（equality）的视角来看待印度，而不是凸显自身的优越性（superiority）。可以说，波兰学界对"印度学"一词的理解从来没有偏离过它的词源，即"有关印度的知识"。在波兰的语境中，印度研究（the studies of India）表示对印度、印度次大陆以及后来的南亚地区的语言、文学、文化、历史等领域的研究，研究时段涵盖古今。不过，值得注意的是，印度学最初只涉及梵语和古代印度。事实上，西方对梵语的兴趣主要源于梵语与印欧语系的密切关系，而非为了统治或者重构印度。而更加值得注意的是，最初激发波兰学者对印度产生研究兴趣的因素也并非出于语用学（pragmatics）[1]的考量，而是出于对世界的好奇，出于对了解其他文化和语言的渴望。这种浪漫而非实用主义的方法延续至今，使波兰学界对南亚研究保持持续不断的学术兴趣。

印度学研究中还有另一个关键问题：即印度学与语文学（Philology）的联系。欧洲的印度学在很大程度上植根于 19 世纪德国对语文学的理解，当时的语文学

---

[1]　语用学（pragmatics）是语言学的一个分支。主要是指从语言使用者的角度来研究语言，例如词句的字面意义如何在具体语境中表达说话者的隐含意义等。

通常强调用历史或文学批评的方法对文本进行语言和文学分析。上述这种对语文学的理解很大程度上影响了古典印度学，但它在 20 世纪下半叶却被批判为过时的研究方法。因为这种局部解剖式逐词分析的研究方法主要是由 19 世纪的学者在其书斋或者图书馆进行。他们仅仅局限于文本，而不关注文本的语境。20 世纪 80 年代前后出现了一种不同于上文所述的新的语文学范式。1988 年，著名的吠陀研究学者迈克尔·魏策尔（Michael Witzel）在哈佛大学举办的一场名为"什么是语文学？"的学术会议上提出了新的见解。他认为语文学应该是以文本为基础的文明研究，同时借助一系列科学工具加以辅助。这些工具将涉及众多领域，从考古学到书写体系，从天文学到动物学。它们依托给定的文本，处理文本中的具体现实。

四、波兰与中德印度学研究的对比

中国的印度学兴起于 20 世纪初。在西方帝国主义殖民体系逐渐形成的大背景下，印度学这一概念的出现与印度的自我觉醒以及中国对印度新的认识紧密相关。[1] 当时印度已经沦为英国殖民地，而中国也开始成为半殖民地半封建社会，印度的遭遇激发中国知识分子的忧患意识，他们十分关注印度沦为英国殖民地的过程，并担忧中国是否会成为另一个印度。例如，康有为和梁启超就曾频繁地谈及印度的情况，康有为在 84 篇作品中有 200 处提到印度，而梁启超则有近 100 篇 200 处。他们谈及印度的用意十分明显，即"举印度之事警中国"。[2] 戊戌变法失败后，康有为曾在 1901 年至 1903 年旅居印度，足迹遍及东、中、北印度，并将沿途见闻写成《印度游记》。1909 年又游历了印度西南部地区。[3] 游历途中，康有为时常借由印度观照中国。在古城阿格拉（Agra），康有为游览了莫卧儿皇帝的故宫城堡和清真寺，对照印度昔日的辉煌与今日遭受异族统治的悲惨，他由喜转悲，因有诗曰："遗庙只存摩诃末，故宫同说沙之汗。玉楼瑶殿参天影，长照恒河月色

---

[1]　郁龙余：《从佛学、梵学到印度学：中国印度学脉络总述》，《深圳大学学报（人文社会科学版）》2018 年 11 月第 35 卷第 6 期，第 5—12 页。

[2]　林承节：《康有为、梁启超论英国殖民统治下的印度》，《史学月刊》1992 年第 1 期，第 97—103 页。

[3]　林承节：《康有为论印度和他的〈印度游记〉》，《北大史学》第 12 辑，北京大学出版社，2007，第 164—187 页。

寒。"[1] 尽管在同一时期，波兰也被沙俄帝国占领，受到殖民统治，但是波兰的印度学研究并不是基于现实情况的考量，更多是根植于其非实用主义的研究路径，当时的波兰不仅对印度，对世界上的其他国家都抱有同样的好奇。事实上，泰戈尔曾有访问波兰的计划，但最终未能成行。也许通过类似的直接接触，印度和波兰两国民众会被共同唤起被殖民统治的历史记忆，但是从学科发展历程上看，推动波兰印度学发展的主要动力仍是对世界的好奇心。

　　波兰印度学的学术目标并非在于殖民或者统治印度，这一点与德国非常相似。拥有深厚印度学学术传统的德国在历史上并未在南亚地区占有殖民地，也并无殖民印度的意图。但是，德国的印度学被认为是一种典型的具有东方主义倾向的研究。实际上，除德国以外许多国家的印度学在后殖民主义的理论框架下都受到严厉批判。后殖民主义理论认为，在东方主义的视角下，印度学研究并非游离于政治之外。德国的印度学之所以备受批判，正是由于其部分研究成果被纳粹误用。例如"卐"

---

[1]　林承节：《康有为论印度和他的〈印度游记〉》，《北大史学》第12辑，北京大学出版社，2007，第164—187页。

成为纳粹的标志，它的真实含义却反而不为人所知。在德国，印度学中的"Indo-Aryan languages"（印度－雅利安语）常被称为"Indo-German languages"（印度－日耳曼语），但是，这些做法并非出于殖民或统治的目的，而是为了提供一种身份认同。

18世纪末和19世纪，德国学者开始研究梵文文本，试图解释德国人与古代印度人之间存在想象中的亲缘关系，以建立一套独立于希腊—罗马和犹太教—基督教传统的德国民族起源学说，为复兴的德国在欧洲历史上塑造一个辉煌的贵族角色。因此，德国人对印度的看法是基于一种想象的"同一性"（identity），而不是"差异性"（otherness），但同时又带有一种"优越感"（superiority）。他们认为古印度是人类文明的开端，但是现在，印度文明已经达到顶峰并正在衰落，而德国则将在未来达到人类文明的最终形态。[1] 总的来说，印度学实际上更多的是德国等中欧国家研究亚洲国家的一种方法，因此必须审慎对待那些将德国的印度学作为后殖民理论的一部分的观点。

---

[1] Martin Hříbek, "Czech Indology and the Concept of Orientalism", *Acta Universitatis Carolinae–Philologica 1* (2011): 45–56.

　　由于德国在南亚地区没有殖民地，因此德国和波兰的印度学研究类似，秉持非实用主义的学术目标。自19世纪以来，在很长一段时间里学者们都安居于大学的象牙塔之内，并不十分关注外部世界的现状。20世纪60年代以后，尤其是当70年代结构主义成为主要的研究范式之后，学界更加关注抽象模型而非现实生活。但是在80年代末发生了一场世界性学术革命，主要围绕大学应该在多大程度上开展实用主义研究展开。大学越来越具有实用主义色彩，职业学校越来越多。这种趋势最初始于美国，随后盛行于欧洲，大学逐渐趋向提供实用的知识。由于研究路径和流行范式的改变，德国的印度学也因其非实用性而饱受诟病。

图书在版编目（CIP）数据

季风亚洲：全球视野下的跨印度洋文化网络 / 谢侃侃，张忞煜，曹寅编 . —北京：北京大学出版社，2024.2

ISBN 978-7-301-34709-6

Ⅰ.①季… Ⅱ.①谢… ②张… ③曹… Ⅲ.①文化研究 – 亚洲 Ⅳ.① G13

中国国家版本馆 CIP 数据核字（2023）第 243930 号

书　　　名	季风亚洲：全球视野下的跨印度洋文化网络
	JIFENG YAZHOU: QUANQIU SHIYE XIA DE KUA YINDUYANG WENHUA WANGLUO
著作责任者	谢侃侃　张忞煜　曹　寅 编
责 任 编 辑	赵　聪　魏冬峰　李凯华
标 准 书 号	ISBN 978-7-301-34709-6
出 版 发 行	北京大学出版社
地　　　址	北京市海淀区成府路 205 号　100871
网　　　址	http://www.pup.cn　　　新浪微博：@ 北京大学出版社
电 子 邮 箱	zpup@pup.cn
电　　　话	邮购部 010-62752015　发行部 010-62750672
	编辑部 010-62753154
印 刷 者	北京九天鸿程印刷有限责任公司
经 销 者	新华书店
	880 毫米 × 1230 毫米　32 开本　7.15 印张　140 千字
	2024 年 2 月第 1 版　2024 年 2 月第 1 次印刷
定　　　价	49.00 元